Wolfgang Straub

Salzburg abseits der Pfade

WOLFGANG STRAUB

Salzburg

ABSEITS DER PFADE

Eine etwas andere Reise durch die unbekannten Seiten der Mozart-Stadt

braumüller

Herzlichen Dank an: Peter Frey, Anton Greisberger, Christine Kobler, Ines Schütz, Giorgio Simonetto, Wolfgang Viertlmayr, Thomas Zauner.

Bibliografische Information der Deutschen Nationalbibliothek
Die Deutsche Nationalbibliothek verzeichnet diese Publikation in der Deutschen Nationalbibliografie – detaillierte bibliografische Daten sind im Internet über http://dnb.d-nb.de abrufbar.

1. Auflage 2017

Servitengasse 5, A-1090 Wien
www.braumueller.at

Coverfoto: shutterstock (canadastock)
Fotos: Wolfgang Straub
Karten Seite 12, 46, 70, 98, 99, 122, 146:
openstreetmap.org | © OpenStreetMap-Mitwirkende (CC BY-SA 2.0)

Druck: FINIDR, s.r.o., Lípová 1965, 737 01 Český Těšín
ISBN 978-3-99100-209-3

„Durch die Bierjodlgasse wanderst du
übers Nonntalerkloster hinaus.
Ein ewiges Ostern liegt in den Lüften.
Hab Mut, kleines Herz! An stillen Dörfern vorüber,
lagerst du zufrieden im hohen Gras.
Wenn die Sonne dann in die Fenster der Burg brennt,
als stünd sie im hellsten Feuer,
und die Glocken alle so traumhaft schlagen,
kommt vielleicht ein dunkles Ahnen über dich."

Jakob Haringer

Inhalt

Zum Geleit

Kein Mozart-Geburts- oder -Wohnhaus, keine Festung, kein Petersfriedhof, kein Dom, kein Mirabellgarten, kein Café Tomaselli, keine Festspiele, nicht einmal Zwergelgarten und Sebastiansfriedhof, auch wenn die beiden bereits etwas abseits der Pfade liegen. Die von vielen Dichtern besungene „schöne Stadt", das „Rom des Nordens", die Mozart- und Festspielstadt – all diese Zuschreibungen beziehen sich auf die Altstadt – ist nicht Gegenstand dieses Buches. Dafür erfährt man, wo das „wirkliche Henkerhaus" steht, entdeckt architektonische Meisterwerke der Nachkriegsmoderne, streift im Vorbeigehen den Beginn der Salzburger Brahms-Rezeption, bekommt mit etwas Glück eine Monumentalstatue von „Hitlers Lieblingsbildhauer" zu sehen, erweist dem „Englischen Patienten" an seinem Grab die Reverenz, beschäftigt sich mit Grenzziehungen und -übertritten, erinnert sich der kurzen „großen Zeit" des Salzburger Fußballs vor der Übernahme durch einen Salzburger Getränkekonzern und besucht die ehemals beliebteste Mozart-Gedenkstätte. Aber bei einer kleinen Stadt wie Salzburg kommt man um die weltberühmte Salzburg-Vedute, die Ansicht der kirchturmreichen, von der Festung gekrönten Altstadt nicht herum. Und das will dieses Buch auch gar nicht, im Gegenteil: Spaziergang Nr. 2 bietet die schönsten Ansichtskartenmotive von Salzburg. Darüber hinaus schwingt die Geschichte der Stadt immer mit. „Salzburg abseits der Pfade“ könnte eine Einladung an Salzburger sein, schon länger Geplantes wie eine Kapuzinerberg-Überquerung oder Bewanderung des Almkanals von Grödig bis zum Mönchsberg in die Tat umzusetzen. Der Besucher, der mehr als ein, zwei Tage Zeit hat, erhält Anregungen zum Blick abseits der Weltberühmtheiten. Salzburg ist eine kleine Stadt: „Geheimtipps“ sprechen sich hier schnell herum, bis in die ausufernde Reiseführerliteratur. Vor dem ehemals „versteckten“ Bosna-Stand im Getreidegassen-Durchhaus („Balkan Grill“) bilden sich mittlerweile lange Menschenschlangen. „Geheimtipps“ wird man in diesem Buch keine finden; Ungewöhnliches, Untouristisches jede Menge.

Die vorgeschlagenen sechs Wege sind allesamt ausgedehnte Spaziergänge. Man braucht aber keine Wanderausrüstung oder spezielle Kondition. Zudem können die Wege beliebig portioniert und zerstückelt, natürlich ebenso in die Gegenrichtung begangen werden. Die Mitnahme des Regenschirms, den man in Salzburg ohnehin immer dabei hat (dabei haben sollte), empfiehlt sich. Am Kommunalfriedhof ist Schnürlregen

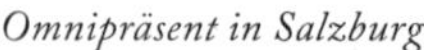

Omnipräsent in Salzburg

Abseits der Pfade

ohnehin das passende Wetter, auch der architektonische Spaziergang durch Aigen und Parsch braucht nicht unbedingt Sonnenschein. Kapuzinerberg, Almkanal und die Grenzwanderung sind eher Schönwetterwege.

Als Germanist habe ich immer wieder literarische Wegbegleiter konsultiert, mich für diesen Reiseführer dabei aber zurückgehalten. Unverzichtbar waren mir nur Peter Handkes Almkanal-Expertise, der Hinweis auf Stefan Zweig und eine etwas umfassendere Leseempfehlung für das Werk von Gerhard Amanshauser – denn auch in der Literatur abseits des Mainstreams lassen sich die schönsten und spannendsten Orte aufspüren.

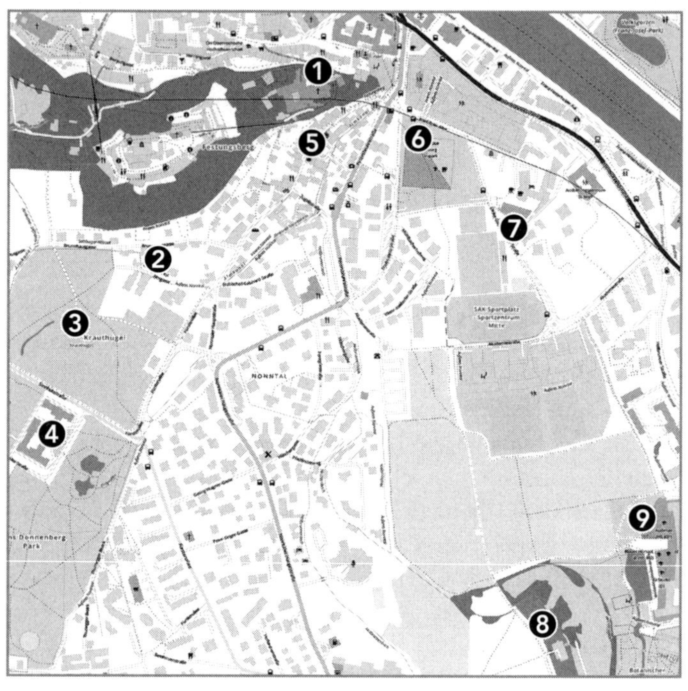

1	*Stift Nonnberg*	6	*Unipark*
2	*Erzbischöfliches Brunnhaus*	7	*ARGE Kultur*
3	*Krautwächterhäusel*	8	*Schloss Freisaal*
4	*Seniorenwohnhaus Nonntal*	9	*Naturwissenschaftliche Fakultät*
5	*Erhardplatz*		

„Der tödliche Ernst einer anderen Zeit“

Nonnberg und -tal

Der Klang der Musik

„Where is the castle?“ Ich wusste mit dieser von mehreren Gästen gestellten Frage nichts anzufangen, mehr noch, ich fühlte mich gefrotzelt, standen wir doch auf dem Aussichtsturm der Burg, also des „castle“. Während meines Studiums war ich als Fremdenführer auf der Festung Hohensalzburg tätig, ein einträglicher Job, war doch damals, Ende der 1980er-Jahre, das Trinkgeldgeben noch Standard. Ich erkundigte mich also bei meinen Arbeitskollegen, was es mit dieser eigenartigen Frage amerikanischer Touristen auf sich haben könnte, und erfuhr, dass sie sich auf den Film *The Sound of Music* bezieht. Ich müsse, so die Anweisung, wann immer man mir diese Frage am Aussichtsturm stelle, nur auf das Schloss Leopoldskron zeigen, das spiele in dem Streifen eine große Rolle und sei daher für die amerikanischen Touristen schlicht „the castle“.

Ich kenne den Film immer noch nicht, ich kann mit Musicals nichts anfangen. In den USA gehört(e) der Film angeblich zu gewissen Familienritualen dazu, viele Menschen haben ihn mehrmals gesehen. Es gibt in Salzburg neben dem europäischen Kulturtourismus eine Art Parallelwelt für die amerikanischen und japanischen Touristen, in der die Drehorte besichtigt und „Sound of Salzburg Dinner Shows" angeboten werden. Die österreichische Ignoranz gegenüber dem Film ist allerdings nicht mehr so ausgeprägt wie in meiner Studienzeit. Das Salzburger Landestheater hat das Musical im Repertoire, ein „Sound of Music Center" im ehemaligen Barockmuseum im Mirabellgarten ist geplant. (Die Planungen dafür laufen allerdings bereits seit gut zehn Jahren ...)

Die Geschichte eines der erfolgreichsten Filme Hollywoods begann mit der Veröffentlichung der Erinnerungen Maria von Trapps, *The Story of the Trapp Family Singers* (1949). Die deutsche Übersetzung, *Vom Kloster zum Welterfolg* (1952), wurde ein Verkaufserfolg, die Filmproduzenten wurden auf den Stoff aufmerksam. Auch die beiden deutschen Heimatfilme *Die Trapp-Familie* (1956) und *Die Trapp-Familie in Amerika* (1958) waren Publikumsrenner – dadurch schwappte der Erfolg zurück in die USA. Der Komponist Richard Rodgers und der Texter Oscar Hammerstein schrieben ein Musical (Premiere 1959), Hollywood kaufte die Filmrechte und drehte unter der Regie von Robert Wise *The Sound of Music* (1965).

Der Welterfolg startete am Nonnberg. Die 20-jährige Maria Kutschera war dort im Stift Lehrerin und Postulantin. Zu Beginn ihrer Erinnerungen schildert sie, wie sie eines Tages zur Äbtissin, zur „Ehrwürdigen Mutter", gerufen wird. Man merkt dem Buch der 44-jährigen Autorin an, dass sie auf Effekt zu schreiben versuchte, rhetorisch simpel, mitunter unbeholfen, stets pathetisch (Trapp wird später an den Drehbüchern zu den beiden deutschen Produktionen mitarbeiten). Sie nimmt den Leser kurz in das für Besucher verschlossene Klosterinnere mit: „[Ich stieg] langsam die abgetretene Wendeltreppe hinab und überquerte den gepflasterten Küchenhof. Dort blickte von der Mauer der Gekreuzigte herab, und über dem Brunnen erhob sich die Statue der heiligen Erentrud, der Begründerin unserer lieben alten Abtei. Ich betrat den Kreuzgang. [...] trotz aller Aufregung empfand ich beglückt die beinahe überirdische

Schönheit dieses einzigartigen Bauwerkes. Zwölf Jahrhunderte der Pflege hatten Nonnberg, das erste Benediktinerinnenkloster nördlich der Alpen, zu einem Ort von zauberhaftem Reiz werden lassen." (Trapp o.J., 14)

Die Äbtissin schickt Maria zum kinderreichen Witwer Georg Ludwig von Trapp nach Aigen (Spaziergang 5), wo sie sich um dessen kranke Tochter kümmern soll. Zwei Jahre später wird geheiratet, natürlich am Nonnberg. 1964 wurden dort auch einige Szenen gedreht, allerdings nicht die Hochzeit, da wich man auf die Kirche in Mondsee aus, man wählte hochbarocken Überschwang statt gotischer Kargheit.

Kirchenasyl und Faldistorium

So gesehen mag für viele *Sound of Music*-Touristen Nonnberg mehr Bedeutung haben als für manchen Kulturtouristen oder Einheimischen. Stift Nonnberg ist fixer Bestandteil der Silhouette der wohl meistfotografierten Stadtansicht Österreichs, aber es liegt, zu seinem Vorteil, etwas abseits der Sightseeingtouren der sommerlichen Touristenmassen.

Stieglkeller mit Dom

Ich wähle den Anstieg über den „Hohen Weg“, der oberhalb des Stieglkellers von der Festungsgasse abzweigt. Attraktion des kurzen Wegs ist der „Nonnberger Hund“, der an der Begrenzungsmauer über der Altstadt wacht. Es handelt sich dabei um den Torso eines romanischen Löwen, der früher am Portal der Nonnberger Kirche aufgestellt war und einen Widder, das Symbol des besiegten Teufels, mit seinen Pranken umfangen hielt. Die schlecht leserliche Tafel unterhalb der Figur informiert darüber, dass sich hier früher die Grenze zwischen dem Stiftsgebiet und der Stadt befand. Es gab Menschen, für die das eine essenzielle Grenze war. Nonnberg war eine kirchliche „Freyung“ mit Asylrecht, das heißt, dass jemand, der etwas auf dem Kerbholz hatte und dem die Flucht hierher gelang, nicht ausgeliefert werden durfte. Das Kloster musste bis zu seiner Begnadigung für ihn sorgen. „Desertierte Soldaten aus der nahen Festung nahmen dieses Recht öfters in Anspruch.“ (Nonnberg 1953, 9)

Der später heiliggesprochene Missionar Rupert war eine der Zentralgestalten in der Geschichte des Erzbistums Salzburg. Er gründete 696 das Benediktinerstift St. Peter (wahrscheinlich auf einer bestehenden oder zwischenzeitlich verfallenen Anlage), im Frühmittelalter stellte der Abt von St. Peter automatisch den Erzbischof. Nur wenige Jahre später initiierte er die Gründung eines Frauenklosters, ebenfalls nach benediktinischer Regel. Die Stiftung Ruperts (um 712) führte zum ältesten Nonnenkloster im deutschsprachigen Raum. Als Äbtissin installierte Rupert sicherheitshalber seine Nichte Erentrudis, die mit ihm von Worms nach Salzburg gekommen sein dürfte.

Die damaligen Bayernherzöge waren Rupert und Erentrudis zugetan, sie schufen die materiellen Grundlagen der beiden Klöster durch die Stiftung von Gütern, die Zuerkennung von Fischerei- und Jagdrechten, die Übertragung von Tributpflichten zahlreicher Untertanen sowie, besonders wertvoll, das Recht auf Salzbezug aus Reichenhall. Die Wohltäter Nonnbergs, die bayerischen Agilolfinger, gerieten aber bald in einen Machtkampf mit Karl dem Großen, den sie nur verlieren konnten. In der Folge wurde Nonnberg ein „reichsunmittelbares“ Kloster. Viele Brände, vermutlich auch der „Ungarnsturm“, verhinderten, dass aus der Frühzeit des Klosters etwas erhalten blieb.

Um die Jahrtausendwende erfuhr das Kloster einen bedeutenden Aufschwung, es kam zum Bau der ersten großen Kirche. Der bayerische Herzog Heinrich IV. (ab 1014 Kaiser Heinrich II.) unterstützte das Bauvorhaben (angeblich auf Betreiben seiner später heiliggesprochenen Frau Kunigunde) und übergab dem Kloster Stiftungen – als „Gegengeschäft“ mussten sich die Nonnen verpflichten, für seinen 1002 gestorbenen Vorfahren Otto III. zu beten. Die „Heinrichbasilika“ wurde 1009 unter Anwesenheit des Herzogpaares geweiht. Anschließend kam es zu zahlreichen Gründungen von Tochterklöstern, das 11. Jahrhundert war eine Blütezeit Nonnbergs.

Eine symbolische Bestätigung der Bedeutung des Stifts war 1242 die Erlaubnis zum Gebrauch der Pontifikalien durch Papst Gregor IX. Die Äbtissin durfte von nun an wie ein Bischof einen Krummstab benutzen und sich jederzeit auf das Faldistorium, den trag- und faltbaren Thron, niederlassen. Dieser schön verzierte hochmittelalterliche Faltstuhl gehört zu den wichtigsten Kunstschätzen des Klosters – leider verfügt das Stift über keine öffentlich zugängliche Schatzkammer …

1423 zerstörte ein Großbrand die Basilika. Mitte der 1440er-Jahre begann man mit dem Neubau, der sich bis ins 16. Jahrhundert hinein zog, erst 1507 wurde das Mittelschiff in seiner heutigen Form eingewölbt. Nach verschiedenen barocken Um- und Einbauten im 17. und 18. Jahrhundert wurde es in der zweiten Hälfte des 19. Jahrhunderts Mode, sich wieder auf die „Einfachheit“ des Mittelalters zu besinnen, und die Kirche wurde regotisiert: Der barocke Hochaltar machte einem spätgotischen Flügelaltar Platz (den man aus der Kirche in Scheffau bei Golling holte), die barocke Ausstattung wurde entfernt. So zeigt sich dem heutigen Besucher im Inneren ein einheitlich spätgotisches Erscheinungsbild.

Vom romanischen Vorgängerbau ist nur mehr sehr wenig erhalten – der Kern des Kirchturms, Teile des Portals und die romanischen Wandmalereien im alten Nonnenchor. Man sollte beim Besuch zwei, drei 50-Cent-Stücke eingesteckt haben, um die Zeitschaltuhr für die Beleuchtung des Altars sowie der Fresken einschalten zu können. Die Malereien stammen aus der Mitte des 12. Jahrhunderts und stellen nur zum Teil identifizierbare Heilige dar; strenge, mannshohe Gestalten aus einem anderen Zeitalter schauen uns da durchdringend an.

Translationen am laufenden Band

Bei einer Besichtigung der Stiftskirche sei es angeraten, vorher die Klosterpforte aufzusuchen, um „die Anni von der Pforte", wie sie sich selbst nennt, um den Schlüssel für die Krypta zu bitten. Erscheint man der Dame vertrauenswürdig genug, übergibt sie einem den Schlüssel zur eigenen Verantwortung – der Weg um die Kirche und bis zur Krypta würde sie sehr beschweren, sie ist schlecht zu Fuß. Die 1475 eingeweihte Krypta ist ein einzigartiger spätgotischer Raum, 18 Säulen tragen das Kreuzrippengewölbe. Es empfiehlt sich ein Besuch am Vormittag, weil da die Sonneneinstrahlung das spärliche elektrische Licht etwas verstärken kann.

In der Krypta liegt die Salzburger „Kirchenmutter", die heilige Erentrudis, begraben. Die Gebeine der Heiligen wurden 1024 von St. Peter nach Nonnberg übertragen (Translation). Die Legende besagt, dass der Abt für das Stift eine Reliquie zurückhalten wollte und einen Span des Reliquienschreins entwendete. Gott bestrafte ihn für diesen Frevel mit sofortiger Erblindung, begnadigte ihn aber, als er versprach, von seinem Amt zurückzutreten und als Einsiedler am Gaisberg zu leben. Genau 600 Jahre später fand eine „feierliche Erhebung" der Reliquien Erentrudis' durch Erzbischof Paris

Stiftskirche Nonnberg, Erentrudis-Grab

Lodron statt, sie wurden neu gefasst, bekamen einen neuen Holzsarg und wurden in die heutige Ruhestätte umgebettet.

Dort hatte sie aber nur 300 Jahre Ruhe, 1924 fand eine weitere Translation statt. In Berg bei Ravensburg/Württemberg war ein neues Benediktinerinnenkloster entstanden, dem man eine Reliquie mitgeben wollte. Man teilte dabei die Gebeine auf, das Haupt befindet sich nun in einem gotischen Reliquiar, in einem barocken Silberschrein aus dem Jahr 1674 liegen die übrigen Gebeine. Bei der Öffnung des Schreins habe sich ein Büschel blonder Haare gefunden, was die Deutungen über die Herkunft Erentrudis' beflügelt habe, man habe etwa über eine iroschottische Herkunft spekuliert. (Nonnberg 1953, 17)

Hat man die Pförtnerin einmal bemüht, könnte man sie, wenn es das eigene schlechte Gewissen und ihr Gesundheitszustand zulassen, weiter strapazieren. Denn oberhalb der Pforte befindet sich die spätgotische Johanneskapelle, die eines Besuches wert ist. Anni muss dafür allerdings den Besucher begleiten, und sie tut sich beim Gehen über die alten Stufen nach oben sehr schwer, betont aber, dass das völlig in Ordnung sei. Die Kapelle ist mit einem Netzrippengewölbe ausgestattet, die Attraktion ist der Altar, als dessen Provenienz der alte Dom vermutet wird. Man schreibt ihn der Werkstatt des berühmten Sakralbildhauers Veit Stoß zu.

Wasser für den Residenzbrunnen, Wein für das Domkapitel

Wir verlassen die spätmittelalterliche Klosterwelt und spazieren durch eine der schönsten Wohnlagen Salzburgs entlang der Nonnberggasse. Hier am Abhang des Festungsberges hat man einen Panoramablick auf das gesamte südliche Salzburger Becken, und man schaut, vorbei an teilweise mittelalterlichen Häusern, auf den ältesten Teil des Stadtviertels Nonntal, das Ziel unseres Spaziergangs, das wir nach einem kleinen Umweg erreichen werden.

Der Schlenker führt uns in die Brunnhausgasse (am Ende der Nonnberggasse rechts abbiegend) zu dem namengebenden erzbischöflichen Brunnhaus (Haus Nr. 5). Das von außen nicht sonderlich auffällige Haus birgt in seinem Inneren – das hoffentlich bald der Öffentlichkeit zugänglich gemacht wird – eine interessante Geschichte. Das Brunnhaus wurde 1664 zur Wasserversorgung Nonntals errichtet, man baute eigens einen weiteren Arm vom Stiftsarm des Almkanals hierher. (Spaziergang 4) Den Erzbischöfen war es allerdings nicht in erster Linie um die Versorgung ihrer Untertanen zu tun, es plagte sie ein anderes Problem: 1661 war der imposante Residenzbrunnen fertiggestellt worden, aber: Es floss kein

Wasser aus den Pferdemäulern, keine Fontäne – dieses damals ultimative Luxus- und Machtsymbol – spritzte in die Höhe.

Das erste Projekt der Wasserzufuhr für den Residenzbrunnen war nämlich gescheitert. Man hatte extra einen holländischen Fachmann geholt, der mit Lärchenholzrohren das Wasser von Fürstenbrunn am Untersberg herleiten wollte. Die Rohre hielten aber dem Druck nur kurzfristig stand, angeblich 30.000 Gulden waren in den Sand (in das Moor) gesetzt worden. Dem Salzburger Brunnenbaumeister Rupert Kraimoser gelang schließlich die Lösung des Problems. Er ließ eine Leitung von einer Hellbrunner Quelle zum Brunnhaus anlegen und baute in seinem 13 Meter tiefen Keller eine ausgefeilte Wasserhebeanlage. Der Almkanal trieb die Anlage an, das Hellbrunner Wasser wurde zu einem Reservoir auf halber Höhe des Festungsbergs gepumpt, floss entlang der Nonnberggasse zu einem weiteren „Ganter" oberhalb der Kaigasse. Der steile Abfall in die Altstadt erzeugte den notwendigen Druck, um die Fontäne des stolzen Brunnes hoch genug aufsteigen zu lassen. Dieses System blieb immerhin bis 1962 in Betrieb.

Heute, fast 800 Jahre nach dem Mönchsbergdurchstich des Almkanals, geht es in und um Mönchs- und Festungsberg nicht mehr um Wasserversorgung, sondern um Verkehrssysteme, in erster Linie um den ruhenden Verkehr. In der Brunnhausgasse und benachbarten Wegen finden sich immer wieder Plakate, die gegen die Erweiterung der Mönchsberggarage protestieren. Für die Erweiterung der Altstadtgaragen würde hier ein Baustollen enden, Aufschüttungen von Aushubmaterial, Baulärm, Schmutz und Staub wären die Folgen. Die Diskussion um die Garagenerweiterung ist eine der Fronten in der scheinbar unlösbaren Salzburger Verkehrsmisere, aufgerieben zwischen dem Argument des Parkplatzmangels, der sich auf Handel, Gewerbe und Tourismus negativ auswirke, und dem Hinweis auf die mangelnde Umweltverträglichkeit und die erwartete Generierung zusätzlichen Verkehrs, den das überlastete Salzburger System nicht mehr bewältigen könne. Gut, dass wir zu Fuß unterwegs sind ...

In der Brunnhausgasse ein Stück weiter befindet sich der Zugang zu einem Dichtersitz, in dem ein heute zusehends in Vergessenheit geratener, aber aller Lektüre werter Schriftsteller in Zurückgezogenheit lebte. Gerhard Amanshauser wohnte zeitlebens in einem Haus am Abhang des Festungsbergs, das seine Eltern 1926 in modernistischem Stil hatten errichten lassen – das versteckte Gebäude ist nur in der laubfreien Zeit etwas einsehbar. In der Sammlung autobiografischer Aufzeichnungen *Als Barbar im Prater* (2001) verweist Amanshauser darauf, dass man das Haus stets als Villa bezeichnete, denn „wenn man schon einmal am Mönchsberg oder am Festungsberg wohnt, dann muß man diesen Wohnsitz Villa nennen. Er klingt vornehm, und alle freuen sich, daß es eine Villa ist." (Amanshauser 2001, 11) Der abgelegene Wohnsitz – ein „Raum, der weder auf dem Land noch in der Stadt zu liegen schien", so Amanshauser – kann als Sinnbild für die Lebenssituation des Autors gelten, hielt sich dieser doch stets in Äquidistanz zu allen Gruppierungen des Literaturbetriebs, weswegen man ihm gerne das Etikett „Außenseiter“ umhängte.

Von dieser „Villa“ am Berg leitete Amanshauser seine persönliche Mythologie und Weltanschauung ab, von hier gingen seine Grübeleien, aber auch seine Genauigkeit, seine Widerständigkeit aus. Das begann schon in Kindesjahren und nahm seinen Ausgang etwa an Relikten aus kriegerischen Zeiten, man wohnte schließlich unterhalb einer militärischen Festung: „Als Kinder spielten wir Kugelstoßen mit alten Kanonenkugeln, die bei der Gartenarbeit zum Vorschein gekommen waren: kleine aus Marmor, größere aus Sandstein. Ich weiß nicht mehr, wann ich begann, über die Kugeln nachzudenken. Zuerst war es nur ein Eindruck, eine verworrene Vorstellung, die in einen Zeitabgrund hinabführte: in urtümlich rauchende Kanonenrohre. [...] Später sagte ich mir: Diese komischen Spielzeugkugeln sind der tödliche Ernst einer anderen Zeit. Von dahin führt der nächste Gedankensprung zu den Dingen, die wir heute, in der Gegenwart, tödlich ernst nehmen.“ (Amanshauser 2001, 19) Selbst die Wohnadresse, die Brunnhausgasse, passt der Schriftsteller in sein System der Weltdistanz ein: „Es ist angenehm, in einer Gasse zu wohnen, die nicht nach einem Menschen benannt ist. Trüge sie einen Menschennamen, wie käme ich dazu, einen solchen täglich zu lesen oder zu schreiben? Handelt es sich doch dabei gewöhnlich um den Namen eines prominenten Individuums, das mich nichts angeht, eine moderne Berühmtheit, die mir zuwider wäre, wenn ich sie gekannt hätte.“ (Amanshauser 1999, 60)

Ein kurzes Stück die Brunnhausgasse weiter gibt eine große Wiese den Blick auf das freistehende Krautwächterhäusel sowie das aus der Entfernung schlossähnlich wirkende Seniorenwohnheim Nonntal vor der Kulisse des Untersbergs frei. Das Altersheim ist unser nächstes Ziel, wir können den Weg über die Wiesenwege oder den weiteren Verlauf der Brunnhausgasse nehmen. Bevor Letztere in die Sinnhubstraße einmündet, gibt es beim Haus Nr. 29 noch einen interessanten kulturgeschichtlichen Hinweis: Wo heute das neu renovierte Daunschlössl steht, befand sich im 12. Jahrhundert das „Gut Weingarten“. Das heißt, dass hier an den Hängen der Richterhöhe im Mittelalter Wein angebaut wurde, für den Genuss der Salzburger Domherren (also nicht für den Erzbischof, sondern für das Domkapitel, das Stift, das den Dom und zahlreiche Besitzungen verwaltete). Weiter oben auf der Richterhöhe gibt es seit 2007 wieder Salzburger Wein, die Pfadfinder bauen im Paris-Lodron-Zwinger Frühroten Veltliner an. Die angeblich respektable Weinrarität wird im Gourmetrestaurant „esszimmer“ in Mülln sowie in der „Blauen Gans“ in der Altstadt ausgeschenkt.

Wimperntierchenschutzgebiet und Versorgungsanstalt

Die große Freifläche rund um das Krautwächterhäusel, der sogenannte Krauthügel, diente früher als Gemüsegarten des Stifts St. Peter. Das kleine Haus stammt vom Ende des 14. Jahrhunderts, wegen seiner Einzellage wurde es manchmal fälschlicherweise als „Henkerhäusel" bezeichnet. Das „echte" Scharfrichterhaus befindet sich weiter südlich in Gneis, in der Nähe des Almkanals (Spaziergang 4). Neben dem Krautwächterhäusel ist, wie eine Tafel aufklärt, ein seltener „ephemerer Tümpel" zu sehen, also eine nur nach Regenfällen auftauchende Lacke. Das seit Jahrhunderten bestehende temporäre Gewässer wurde 2012 unter Naturschutz gestellt, nicht wegen seltener Frösche oder vom Aussterben bedrohter Sumpfblumen, sondern wegen einzelliger Wimperntierchen (Ciliaten), von denen einige nur hier vorkommen. Der Tümpel ist nämlich „eines der artenreichsten, zeitweilig Wasser führenden Ciliaten-Gewässer weltweit" und „weltweit wahrscheinlich das erste speziell für Einzeller geschaffene Schutzgebiet". (Foissner 2012, 6)

Unser Nonntaler Spaziergang ist auch ein Weg durch die Geschichte der Salzburger Altenversorgung. Der Umgang

Seniorenwohnheim Nonntal (li.) und Krautwächterhäusel vor Untersberg

unserer Gesellschaft mit älteren Menschen sowie die nachhaltige Finanzierung eines Pensionssystems, das Menschen nicht in Altersarmut treibt, sind zwei zentrale politische und fiskalische Themen, in Zeiten, in denen Menschen immer älter werden. Man hat jedoch den Eindruck, dass solche Fragestellungen auf der Prioritätenliste politischer Entscheidungsträger nicht immer ganz oben stehen. Die Marginalisierung des Themas Alter ist kein Phänomen unseres jugendkultigen Medienzeitalters, die Versorgung alter Menschen wurde durch die Jahrhunderte von den Herrschenden nicht prioritär behandelt.

Bis zur Einführung staatlicher Sozialgesetzgebung war das Alter für die unteren Schichten ein existenzielles Problem, nur mit Besitz konnte man sich ein „würdiges" Altern leisten. Konnten Menschen ohne Besitz nicht mehr arbeiten, mussten sie entweder auf familiäre Unterstützung zurückgreifen oder versuchen, ihre Versorgung durch einen Armenfonds sicherzustellen. Dafür mussten sie aber ihre Arbeitsunfähigkeit nachweisen, was streng gehandhabt wurde – auch frühere Zeiten kannten den Vorwurf des Missbrauchs von Sozialleistungen, der „sozialen Hängematte", in der es sich

Seniorenwohnheim Nonntal

vorgeblich Arbeitsunfähige, aber in Wirklichkeit „Arbeitsscheue“ gemütlich machen würden.

Hatten die Menschen ihren Anspruch auf Sozialleistungen einmal nachgewiesen, wurden diese so gering gehalten, dass man davon allein nicht leben konnte. Viele Bewohner der sogenannten Versorgungsanstalten mussten daher betteln gehen, was den Bürgern ein Dorn im Auge war – „ein unauflöslicher Widerspruch“. (Gutschner 1998, 33) Im Stadtgebiet Salzburgs gab es vier solcher „Anstalten“, im Bürgerspital, im Kronhaus (Griesgasse), im Bruderhaus von St. Sebastian (Linzergasse) und im Erhardspital in Nonntal. Nachdem ab den 1860er-Jahren Salzburg zusehends zur „Saisonstadt“ wurde und man Bettler und Gebrechliche nicht mehr im Stadtbild brauchen konnte, versuchte man, das „Bettelwesen“ zu beseitigen. Aber für eine umfassende Reform und weitergehende Unterstützungsmaßnahmen wollte man nicht die notwendige Summe Geld ausgeben. Aus Anlass der 25-Jahr-Feier der Thronbesteigung Kaiser Franz Josephs 1873 beschloss die Gemeinde die Dotierung eines Fonds zur Erbauung einer zentralen Versorgungsanstalt, bis zur Fertigstellung 1898 dauerte es allerdings ebenfalls ein Vierteljahrhundert (man konnte also praktischerweise zur 50-Jahr-Feier der Regierung des Kaisers eröffnen). Natürlich ging es bei der Errichtung des Altersheimes nicht nur um die „Beseitigung" der Altersarmut von den Straßen des Stadtzentrums, es ging auch um eine „modernere" Form der Altersversorgung, um eine weitere bürgerliche Emanzipation von kirchlichen Einrichtungen.

Nähert man sich dem Seniorenwohnheim Nonntal (das eigentlich bereits im Stadtteil Riedenburg steht), fällt einem das schlossähnliche Äußere auf, dominiert vom Turm der mittig situierten Kapelle. Wie beim Kommunalfriedhof engagierte die Gemeinde keinen externen Architekten. Franz Drobny, Mitarbeiter des Stadtbauamts, orientierte sich am St. Johanns-Spital Fischers von Erlach und dem Schloss Mirabell Lukas Hildebrandts. Die neobarocke Fassade ist nicht der Stadt bzw. der Festung zugewandt, sondern dem benachbarten Park. Alles zusammen ein architektonisches Statement bürgerlichen Selbstbewusstseins. „Bürgerlich" ist dabei durchaus schichtspezifisch, nicht „staatsbürgerlich" gemeint. Die soziale Segregation der vier Vorgängerinstitutionen wurde 1898 übernommen: Die Bürger wohnten im Mitteltrakt, dem Park zugewandt, mit eigener Küche; in den Seitentrakten die ärmeren „Pfründner". Grundsätzlich gab es keine bauliche Trennung von Männer- und Frauentrakt mehr, aber nur wenige Ehepaare konnten zusammen wohnen, waren doch Mehrbettzimmer die Regel.

Und heute? Ich werfe einen Blick in das Innere des Gebäudes. Die erwartete Schummrigkeit des über hundert Jahre alten Gebäudes bleibt aus, es ist relativ gut in Schuss. Es ist Nachmittag, das Personal serviert gerade Mehlspeisen im Aufenthaltsraum, eine aufgeweckte Damenrunde plaudert an großen Resopaltischen, die Telenovela im Hintergrund wird ignoriert. Das ist keine Seniorenresidenz mit Infinity Pool, aber man hat den Eindruck, dass alle aus den Gegebenheiten des spätklassizistischen Baus das Beste machen. Es bleibt aber ein „Heim“ mit zentraler Verwaltung und Versorgung, was nicht mehr zeitgemäß ist. Im Frühjahr 2017 begann man daher mit einem Neubau im hinteren Hof des Gebäudes. Nach der Fertigstellung Ende 2018 sollen kleine Wohneinheiten mit dezentraler, partizipativer Versorgung angeboten werden. Die „städtischen Versorgungsanstalten“ werden dann ausgedient haben – sie lassen sich nicht für das neue Konzept adaptieren. An ihrer Stelle entstehen Mietwohnungen.

Ich verlasse das Seniorenheim, weil ich mir wie ein Eindringling vorkomme. Beim Hinausgehen fällt mir ein, dass mein Urgroßvater – Sohn des Salzburger Bürgermeisters Rudolf Biebl und schwarzes Schaf der honorigen Bürgerfamilie (Spaziergang 3) – hier seinen Lebensabend verbrachte. Arthur Biebl habe sich 1938, so wird familienintern berichtet, sehr auf die bevorstehende „Heimkunft“ Österreichs ins Deutsche Reich gefreut. Die Freude über die tatsächliche Vereinigung währte dann allerdings nur kurz: Mein Urgroßvater verstarb vier Tage nach dem „Anschluss“ im 74. Lebensjahr.

Am Erhardplatz

Für die alteingesessenen Bewohner Nonntals ist angeblich die Unterscheidung zwischen Innerem und Äußerem Nonntal wichtig. Das Innere, dessen ehemalige Außengrenze bei der Mariensäule vor dem Haus Fürstenallee Nr. 1 angezeigt wird, bildet den Kern der alten Vorstadt, im Äußeren Nonntal existierten früher nur einige Gutshöfe von Stift Nonnberg. Wie auch immer, uns führt der Weg über die Fürstenallee in die Nonntaler Hauptstraße, zum Haus Nr. 29, der Bäckerei Funder. In Zeiten rasant aussterbender Bäcker findet sich hier eine Bastion des Bäckerhandwerks ohne Teiglinge und Aufbackofen. Mein Lieblingsprodukt: die Topfengolatschen (die haben viele Fans, sodass sie nachmittags oft schon ausverkauft sind). Erreicht man den Erhardplatz, gibt es für den Hungrigen zwei Optionen: für Vegetarier und Veganer „The Green Garden", sommers mit nettem Schanigarten am Erhardplatz, für Carnivoren direkt gegenüber die Fleischhauerei Stocker, einen Traditionsbetrieb, der auch günstige Mittagsteller anbietet. Die Firma Stocker betreibt zusätzlich den Würstelstand am Alten Markt – einer der geschmacklich eindeutigen Beweise, dass Salzburg die weitaus bessere Wurst- und Verarbeitungsqualität an den mobilen Imbissen anbietet als das für seine Würstelstände ungleich berühmtere Wien.

St. Erhard

Vielleicht ist noch genug Besichtigungskraft vorhanden, um vor der Labung eine Kunstrunde über den Erhardplatz zu drehen. Der Platz wird beherrscht von der barocken Kirche. Aber es war nicht die Kirche, die lange den Mittelpunkt der ersten Nonntaler Ansiedlung bestimmte, sondern ein Krankenhaus. Im Mittelalter befand sich hier ein „Siechenhaus", eine Gründung des Klosters Nonntal, in dem kranke Nonnen gepflegt wurden. Dem Spital war eine kleine, dem heiligen Erhard geweihte, Kapelle angeschlossen. Das Krankenhaus wurde um das Jahr 1500 von Nonnberg aufgegeben, die Gebäude wurden verpachtet. (Das Gebäude links der Erhardkirche hat einen gotischen Kielbogen, der noch vom mittelalterlichen „Siechenhaus" stammt.) Hundert Jahre später kamen sie an Erzbischof Wolf Dietrich, der sie wiederum an das Domkapitel übergab. 1603 veranlasste er die Übersiedelung des Domkapitel-Spitals von der Kaigasse hierher. In den folgenden Jahrzehnten kaufte das Domkapitel das Haus rechts der damaligen Kapelle an, um es als Männertrakt des Spitals zu adaptieren. Der Begriff Spital bedeutete nicht nur Kranken-, sondern in erster Linie Altersversorgung: Nun lebten links der Kapelle die weiblichen, rechts die männlichen „Pfründner"

St. Erhard, Hochaltar

des Domkapitels, die hier ihr Ausgedinge hatten. Das Erhardspital bestand bis zur Eröffnung der zentralen „städtischen Versorgungsanstalt“ 1898.

Das zweigeteilte Spital ist an beiden Seiten der Erhardkirche im Originalzustand erhalten. Die querstehende gotische Kapelle dazwischen wurde dem Domkapitel Ende des 17. Jahrhunderts zu schmächtig, 1685 erfolgte der Beschluss zum Neubau, bereits vier Jahre später konnte die Kirche geweiht werden. Die schnelle Fertigstellung mag aufgrund des Nachdrucks geschehen sein, den der Bauherr in die Errichtung legte, wollte sich das Domkapitel doch gegenüber dem Erzbischof und den anderen Klöstern profilieren. Da musste der Architekt natürlich einen klingenden Namen haben. Also engagierte man Giovanni Gaspare Zuccalli; der bei Baubeginn erst 18-Jährige war der Neffe des bayerischen Hofbaumeisters. Zuccalli bekam in der Folge auch den Auftrag für die Planung der Kajetanerkirche.

Der Kunsthistoriker Gerhard Plasser sieht in den 1680er-Jahren einen Machtkampf zwischen Domkapitel und Erzbischof, er interpretiert das Engagement des damaligen österreichischen Architekturstars Johann Bernhard Fischer von Erlach für die Ausführung der Spitalskirche in Mülln durch den Erzbischof als Antwort auf die Nonntaler Spitalskirche. (Plasser 1998, 173) In diesem Hahnenkampf kam dem Domkapitel die mehrmonatige Sedisvakanz nach dem Tod des Erzbischofs Max Gandolph zugute. Nun nannten sich die Domherren „regierendes Domkapitel" und gaben sich ein eigenes Wappen. Das musste natürlich an der Kirchenfront angebracht werden (Giebelfront des Portikus). Hatte Erzbischof Gandolph die Verwendung von Marmor untersagt, so konnte nun Zuccalli bei der Gestaltung der Fassade aus dem Vollen schöpfen. Nachdem der neue Erzbischof Johann Ernst von Thun und Hohenstein im Amt war, zeigte er dem Domkapitel, wer der Herr in Salzburg ist, und ließ sein Wappen am Hochaltar anbringen – im Inneren musste sich das Domkapitel mit den Seitenaltären begnügen. Auch bei der Innenausstattung ließen sich die Domherren nicht lumpen: Das Hochaltarbild gestaltete der Salzburger Hofmaler Johann Michael Rottmayr, die aufwendigen Stuckaturen der Norditaliener Francesco Brenna. Die Architektur der Erhardkirche zeigt sich so als Artikulationsform eines Statuswettbewerbs zwischen Salzburgs adeliger Elite und der Regierung.

Heute mag für manche Menschen Kunst ein Statussymbol sein, hochpreisige Kunst ist für Sammler auf jeden Fall ein Finanzinvestment. Am Erhardplatz hat man Gelegenheit zum Kontakt mit gegenwärtiger bildender Kunst, allerdings weniger mit „Statuskunst" als mit spannenden künstlerischen Positionen. Seit 2012 befindet sich neben der Feinkost Stocker die Galerie Frey. Vorher hatte hier die Galerie Fotohof, das Salzburger Kompetenzzentrum für Fotokunst, seinen Sitz. Peter Frey, der Galerist, erzählt, dass sich die Standortsuche für die Salzburger Filiale des Familienunternehmens schwierig gestaltete. In der Altstadt seien die Räume für Ausstellungen meist zu niedrig und zudem zu teuer, zu peripher sollte der Standort aber auch nicht sein. So habe sich die Absiedelung des Vorgängers bestens ergeben, die Räume seien hoch und hätten

Tageslicht, ihr „industrial style“ käme der hier ausgestellten Kunst entgegen – zu den von ihm vertretenen Künstlern zählen einige junge Salzburger sowie etablierte österreichische Maler wie Hans Staudacher oder Anselm Glück.

Von Nonntal sei, so Frey, die Altstadt fußläufig erreichbar, die Galerie könne aber dennoch mit dem Auto angefahren werden, was für seine Klientel wichtig sei. Er fühle sich mittlerweile als Nonntaler. Gemeinsam mit zwei benachbarten Geschäftsleuten, den Besitzern der Einrichtungs- und Ausstattungsgeschäfte „Mareido“ sowie „care of your home“ (die Nonntaler Hauptstraße stadteinwärts), veranstaltet er einmal im Jahr ein Nonntaler Sommerfest, an dem sich auch die Gastronomie am Platz beteiligt. Das Fest, das sich ein Motto von der jeweiligen Hauptoper der Sommerfestspiele entlehnt, ist mittlerweile eine Institution und wird von allen als Belebung des Grätzels willkommen geheißen. Der Termin wird nicht öffentlich ausgeschrieben, die drei Veranstalter laden ein. Aber in Nonntal spricht sich das Datum schnell herum ...

Nonntaler Architekturrunde

Denjenigen, denen die bisherige Nonntal-Runde ausreichend war, seien zwei kulinarische Ausklänge empfohlen: das Lokal am Dach des Uniparks und das Beisl der ARGE. Der Unipark-Neubau nach einem Entwurf der Architekten Storch Ehlers Partner wird von Architekturkritikern als „Umschlagplatz von Stadt und Landschaft“ (Kapfinger/Höllbacher/Mayr 2010, 130) gelobt, hier werde der „Landschaftsraum von Freisaal wieder tief in die Stadt hereingeführt“ und „eine städtebauliche Definition für das gesamte Quartier“ geboten (IAS 2010). Das Gebäude ist auch im Inneren durchlässig und fast ausschließlich mit Glas verbaut, eine Offenheit, die manchem Elfenbeinturm-Wissenschaftler – verbunden mit dem manchmal knappen Platz für Bücher in den Büros – zu schaffen macht. Besucher braucht das nicht zu tangieren, ein Besuch des Cafés auf dem Dach des Gebäudes ist unbedingt zu empfehlen, bei schönem Wetter hat man einen großartigen Gastgarten mit einzigartigem Panoramablick.

Hätte man gerne eine größere Essensauswahl, sei der Besuch im ARGE-Beisl um die Ecke angeraten. Das Lokal der ARGE Kultur bietet eine große Sonnenterrasse und für Salzburg ungewöhnlich lange abendliche Öffnungszeiten. Die ARGE ist

Unipark, Dachterrasse

Salzburgs Veranstaltungszentrum für „alternative" Kultur und Sitz vieler gemeinnütziger Kulturvereine sowie des freien Radios. Seit 2005 gibt es diesen Neubau, vorher war das ganze Quartier ein Provisorium: Anfang der 1980er-Jahre wurde in Demonstrationen eine Unterstützung der Alternativkultur in der Festspielstadt gefordert, 1987 entstand das Kulturgelände Nonntal; daneben befanden sich das alte Stadion des ältesten Fußballvereins Salzburg, des SAK 1914, sowie die provisorischen Bauten der Germanistik und Romanistik der Universität. Gemeinsam mit einem heruntergekommenen Chinarestaurant war das ein abgewracktes Konglomerat mitten in der Stadt, dessen einige ehemalige Studenten in Nostalgie gedenken mögen.

Eine kleine Fleißaufgabe bietet sich für Architekturinteressierte an, ein kurzer Spaziergang von Uni zu Uni. Man verlässt den Unipark auf dem Mühlbacherhofweg Richtung Süden und überquert die Akademiestraße, um sogleich auf eine große Freifläche mit Blick bis zum Tennen- und Hagengebirge zu gelangen. Das macht ein Stück weit die Faszination des Stadtraumes Salzburg hier im Süden aus: die vielen Freiflächen zwischen den Siedlungsbereichen, mit denen das Land bis in die Stadt hereinkommt. Oft sind es parkähnliche Grünflächen,

Schloss Freisaal

manchmal Sümpfe oder Moore, manchmal landwirtschaftliche Nutzflächen.

Als ich den Weg Richtung Freisaal in den Süden, vorbei an den Naturdenkmälern der alten Linden, nehme, dürfte in der Praxisvolksschule der Pädagogischen Hochschule in der Akademiestraße gerade Schulschluss gewesen sein, ein Großvater mit seinem Enkel geht vor mir. Der Ältere trägt die Schultasche, sie gehen Hand in Hand, intensiv plaudernd. Mag sein, dass ich bei diesem Anblick unbewusst ein wenig neidisch bin, hatte ich doch nie einen Großvater. Aber um die landschaftliche Schönheit des Schulweges kann man die beiden auf jeden Fall beneiden. Der Weg führt direkt auf Schloss Freisaal zu, ein mittelalterliches Gebäude, in der Renaissance erweitert und Anfang des 20. Jahrhunderts historisierend umgebaut. Der anonyme Dichter Mönch von Salzburg aus dem 14. Jahrhundert nannte das Schloss ein „lusthaws pey Salzburg", wobei man sich ein Lust- oder Freudenhaus nicht im heutigen Wortsinn vorstellen darf. An diesem Ort drehte – ein erster Hinweis auf unseren Almkanal-Experten – Peter Handke 1985 den Film *Das Mal des Todes* mit dem Kameramann Xaver Schwarzenberger und der Schauspielerin Marie Colbin. Dass Handke während seiner Salzburger Jahre bei dieser Marguerite-Duras-Verfilmung auch als Regisseur tätig war, gehört zu den unbekannten Seiten des großen Schriftstellers.

Vor dem Schloss zweigt links der Weg zum Ziel unserer Fleißaufgabe ab: der Naturwissenschaftlichen Fakultät. Gerade in Salzburg, das in erster Linie als Renaissance- und Barock-Altstadt wahrgenommen wird, legt man bei Besichtigungen sehr selten den Fokus auf jüngere Architektur. (Wir werden dem vermehrt in Spaziergang 5 entgegenwirken.) Das ist ein wenig ungerecht, war die Stadt doch zu Beginn der 1980er-Jahre in Österreich ein Vorreiter in der Einbeziehung von Architekturexperten in Planungsentscheidungen. Nach den Gemeinderatswahlen 1982 stellte die „Salzburger Bürgerliste" einen Stadtrat, und Johannes Voggenhuber installierte einen „Beirat für Stadtgestaltung". Dieses Gremium aus internationalen Architekten begutachtet seither große, für das Stadtbild (außerhalb der Altstadt) bedeutende Bauvorhaben.

Der Neubau der Naturwissenschaftlichen Fakultät (Eröffnung 1986) ist dicht mit der Entstehung dieses Expertengremiums verbunden. Der Vorsitzende des ersten Gestaltungsbeirats (1983–1985) war zugleich der leitende Architekt des Bauvorhabens: Mit dem Gestaltungsbeirat hatte Wilhelm Holzbauer allerdings ein Korrektiv, das die Ausarbeitung des Entwurfs begleitete. Zudem hatte Holzbauer bei diesem Großprojekt vier Kollegen (Georg Ladstätter, Heinz Marschalek, Heinz Ekhart, Stefan K. Hübner) zur Seite. Das Projekt war umstritten, weil es in den Grünraum bei Freisaal hineingebaut wurde. Nähert man sich von Freisaal, muss die Öffnung und Durchlässigkeit zu diesem Landschaftsraum als gelungen bezeichnet werden. Treppen, Loggien, ein kleines Amphitheater, Teiche erreichen die „Verzahnung" mit der Umgebung. „In Anspielung auf die großartigen, theatralischen Raumsequenzen der Salzburger Altstadt gelingt es der Architektengruppe, die Szenarien des Fürstlichen und des

Naturwissenschaftliche Fakultät

Bürgerlichen, urbane Typologie und stilisierte Parklandschaft in einer großen Collage zu versammeln und sie in manieristischer Neufassung dem Weichbild der Stadt gegenüberzustellen." (Frühwirth 2003)

Ein Besuch des angeschlossenen Botanischen Gartens sei Pflanzenliebhabern angeraten. Der ein Hektar große Bereich ist in Themen unterteilt, z.B. „Pflanzenwelt der Moore" oder „Salzburger Apotheker-Kräutergarten". Kulinarische Belohnung kann man sich für die Fleißaufgabe keine abholen: Uni-Feeling und günstiges Essen während der Vorlesungszeit gibt es in der Mensa, aber eben Mensa-Essen. Am besten, man geht den einen Kilometer zum Unipark zurück – zur Abwechslung vielleicht den Fußweg am östlichen Rand des Freisaal-Geländes vor dem „Seniorenwohnhaus Hellbrunn". Damit wird das Kernthema unserer Nonntal-Runde abgerundet, die Altersversorgung. Beim Vorbeigehen erkennt man im Hintergrund das Haupthaus, das Zentralgebäude der ehemaligen Hellbrunner Kaserne aus dem Jahre 1898. Seit Anfang der 1960er-Jahre wird der Standort als Seniorenheim genutzt. 2007 wurde, der „NaWi" benachbart, ein moderner Zubau eröffnet, der die Leitlinien zeitgemäßen Bauens für

Seniorinnen und Senioren klar ausdrückt: Transparenz, kleine Wohneinheiten, Partizipation. Einer der involvierten Architekten, Johannes Schallhammer, spricht emphatisch von einer „Hotelatmosphäre mit vielfältigen Blicken in den umgebenden Landschaftsraum“. (Schallhammer 2007)

Tipps

Bäckerei Funder
Nonntaler Hauptstraße 29, 5020 Salzburg
Tel. + 43 (0)662 8413320
Öffnungszeiten: Mo–Sa 6–12.30 und 14.45–18.30 Uhr

Feinkost Stocker
Nonntaler Hauptstraße 19, 5020 Salzburg
Tel. + 43 (0)662 843791
Öffnungszeiten: Mo–Fr 7.30–18 Uhr
www.feinkost-stocker.at

The Green Garden
Vegan-vegetarisches Restaurant
Nonntaler Hauptstraße 16, 5020 Salzburg
Tel. + 43 (0)662 841201
Öffnungszeiten: Di–Sa 12–15 u. 17.30–22 Uhr,
Küchenzeiten: 12–14 und 17.30–21 Uhr
www.thegreengarden.at

Galerie Frey
Erhardplatz 3, 5020 Salzburg
Tel. +43 (0)662 840200
Öffnungszeiten: Mo, Mi–Fr 11–18.30 Uhr, Sa 10–14 Uhr
www.galerie-frey.com

Café Unikum Sky
Café am Dach des Uniparks
Erzabt-Klotz-Straße 1, 5020 Salzburg
Tel. +43 (0)662 80446911
Öffnungszeiten: Mo–Fr 10–19 Uhr, Sa 10–18 Uhr
www.jufa.eu/cafe-unikum-unikumsky-in-salzburg

ARGE-Beisl
Das Lokal der ARGE Kultur
Ulrike-Gschwandtner-Straße 5, 5020 Salzburg
Tel. +43 (0)662 840839
Öffnungszeiten: Mo–Fr 9–1 Uhr, Sa 12–1 Uhr,
bei Veranstaltungen auch So und Feiertag ab 17 Uhr
www.argebeisl.at

Mensa & M-Café NaWi
Hellbrunner Straße 32a, 5020 Salzburg
Tel. +43 (0)5 7405 555
Geöffnet Mo–Fr tagsüber in der Vorlesungszeit
www.mensen.at

Botanischer Garten der Universität Salzburg
Hellbrunner Straße 34, 5020 Salzburg
Tel. +43 (0)662 8044 5506
Öffnungszeiten: April: Di–Fr 9–16 Uhr; Mai bis Sept.
Di–So 10–18 Uhr; Okt. Di–Fr 9–16 Uhr
www.uni-salzburg.at

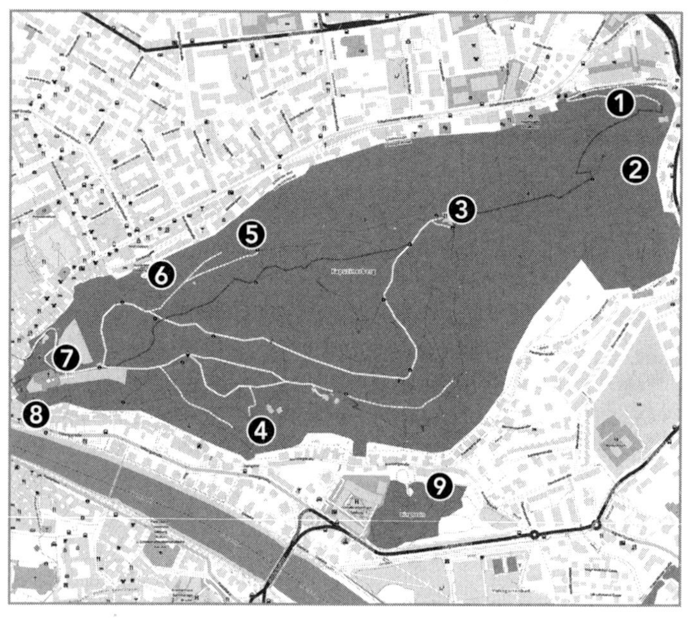

1 *Doblersteig*
2 *Gnigler Kavalier*
3 *Franziskischlössl*
4 *Spaur-Villen*
5 *Bayerische Aussicht*
6 *Unterer Kavalier*
7 *Paschingerschlössl*
8 *Das Kino*
9 *Schloss Arenberg*

Gämsen und Gaffen

Über den Kapuzinerberg

Ein wehrhafter Igel

Als sich mit dem „Zweiten Prager Fenstersturz“ 1618 der Aufstand des protestantischen böhmischen Adels zur europäischen Katastrophe des Dreißigjährigen Kriegs ausweitete, hatte das auf Salzburg erhebliche Auswirkungen. In den Annalen wird zwar stets stolz vermerkt, dass das Erzbistum nicht direkt in das Kriegsgeschehen verwickelt worden sei, aber der Preis dafür war hoch – und Salzburg war keinesfalls neutral.

Erzbischof Markus Sittikus ließ 1618 den Grenzschutz durch stärkeren Truppenbesatz intensivieren. Als im Jahr darauf der Erzbischof starb, beschloss das Domkapitel während der Sedisvakanz, vom neuen Staatsoberhaupt das Versprechen nach militärischem Schutz vor den Gefahren des Kriegs zu verlangen. So geschah es auch: Der neue Erzbischof, der gebürtige Trentiner Paris Lodron, musste neben dem Ausbau der Verteidigungsmaßnahmen auch die Wiedererrichtung der „Landschaft“ (der Landstände) und die Einberufung des Landtags versprechen. Trotz dieser Zugeständnisse wird Paris Lodron als letzter nahezu absolutistisch herrschender Fürsterzbischof angesehen.

Während des gesamten Kriegsverlaufs wiederholte sich vielfach folgendes Szenario: Emissäre des Kaisers aus Wien oder des Kurfürsten aus München wurden in Salzburg vorstellig, um vom Erzbistum eine Beteiligung an den hohen Kriegsausgaben und die Bereitstellung von Truppen zu fordern. Paris Lodron verwies stets auf die hohe Schuldenlast des Erzbistums und die finanzielle Notlage, aber nicht immer konnte er die Begehren abwehren. Es gelang Paris Lodron zwar, die lavierende Haltung seines Vorgängers bezüglich eines Beitritts zur Katholischen Liga beizubehalten, jedoch musste er mehrmals sowohl dem Kaiser als auch dem bayerischen Kurfürsten Truppen bereitstellen.

Als ab 1631 die „Schwedengefahr" immer näher an Salzburg heranrückte, ließ der Erzbischof weitere Truppen ausheben und nahm ein Darlehen für Proviant und Munition auf. (Insgesamt wurden geschätzte 400 neue Kanonen gegossen.) Im Frühjahr 1632 fielen Augsburg und München an die Schweden, Salzburg fand sich in Erwartung eines schwedischen Angriffs. Viele bayerische Flüchtlinge, auch der Kurfürst, befanden sich in der Stadt, die Schweden ließen Salzburg allerdings unangefochten. Erst 1648, im Jahr des Westfälischen Friedens, wurde Salzburger Territorium in den Krieg hineingezogen und die Salzburger Exklave Mühldorf am Inn (74 Kilometer nördlich von Salzburg) drei Wochen von den Schweden besetzt.

Die Kriegshandlungen, an denen sich Salzburger Truppen beteiligten, galten aber nicht immer dem Kampf gegen die Schweden. 1626 unterstützten Salzburger Soldaten die kaiserlichen Truppen bei der Niederschlagung des oberösterreichischen Bauernaufstands. Der Erzbischof hatte starkes Interesse daran, solche revolutionären Bewegungen zu unterdrücken und nicht auf sein Territorium überschwappen zu lassen. 1526 hatten die Pinzgauer Bauern das Bauernheer Michael Gaismairs unterstützt. Er konnte keine zweite Front im Inneren gebrauchen. Und Paris Lodrons intensive Bautätigkeit diente neben der Verteidigung auch als Machtdemonstration gegenüber potenziellen Erhebungsgelüsten. Ganz gelang der

Ausblick auf die Festung

Obrigkeit die Einschüchterung während des Dreißigjährigen Kriegs nicht: 1645 kam es im Zillertal, das damals zu Salzburg gehörte, zu einer kurzfristigen „Revolte", zu einem „Aufstand" der Bauern – wie das in Geschichtsbüchern gern genannt wird. Es handelte sich um „Abgabenungehorsam", die Bauern ließen ihrem Zorn über die ständig steigende Steuerlast freien Lauf. Sie drangen in eine Gerichtsstube ein, zerrissen Steuerbücher, verjagten die Beamten und räumten eine Rüstkammer aus. Die vom Erzbischof entsandten Soldaten sorgten schnell wieder für hoheitliche Ordnung und Zahlungsdisziplin.

Die dritte Stadtbefestigung Salzburgs entstand während des gesamten Verlaufs des Dreißigjährigen Kriegs. In die Gestaltung des Befestigungsrings eingebunden war Salzburgs Dombaumeister Santino Solari, fortifikatorische Ezzes holte man sich aber in Wien, wo (gegen Bares) die Grundlagen einer modernen Befestigungsmethode ausgearbeitet wurden. Sämtliche Stadttore wurden erneuert, Basteien angelegt, mit Courtinen (Wällen zwischen den Bastionen), Ravelins (Außenwerken einer Bastion) und Contreescarpen (äußeren Mauern eines Festungsgrabens). Kapuziner- und Mönchsberg wurden in die Verteidigungslinie einbezogen, dabei „an den besteigbaren Stellen gegen die Talsohle senkrecht angehauen, die wenigen Zugänge wurden mit Blockhäusern verschlossen und verschanzte Lager hergestellt“. (Heinisch 1968, 53)

Da im Stadtgebiet die Fortifikationen und Stadttore im 19. Jahrhundert großteils geschliffen wurden, sind die Lodron’schen Verteidigungsanlagen nur mehr am Mönchsberg und am Kapuzinerberg in ihrer ursprünglichen Dimension sichtbar. Am und um den Kapuzinerberg wurden die Anlagen vom Ende der 1620er-Jahre bis 1634 durchgeführt, als mit dem Ausbau des Inneren Steintors die Befestigung dieses Stadtberges abgeschlossen war. Paris Lodron ließ an allen Bauwerken sein Wappen anbringen, der Löwe mit dem „Brezel-Schweif“ ist heute noch omnipräsent. Aber nicht nur dadurch drückte er der Stadt seinen Stempel auf. Trotz des Schuldendrucks gelang es dem Herrscher, dass 1622 eine Benediktiner-Universität in der Stadt gegründet wurde und dass der neue Dom weiter- und fertiggebaut wurde. 1628 erfolgte die Domweihe.

Doblersteig

Erreichen konnte Paris Lodron, der bereits zu Lebzeiten von seinen Verehrern als „Pater Patriae“, als „Vater des Vaterlands“, bezeichnet wurde, das alles nur durch Repression und hohen Abgabendruck. Dafür wurde das Erzbistum von Angriffen verschont – viele Historiker sehen in der starken Fortifikation den Hauptgrund dafür. Paris Lodron hatte die Stadt, wie es ein zeitgenössischer Chronist ausdrückte, in einen „wehrhaften Igel“ verwandelt.

Teufelskralle und Kolkrabe

Ein imposanter Anblick dieser Wehrhaftigkeit bietet sich dem Stadtwanderer, der den steilen Weg über den Doblersteig wählt. (Der Anstieg ist – warum auch immer – nach einem früher in Schallmoos ansässigen Fleischhauer benannt.) Zwischen „Zentrum im Berg“ und benachbarter Tankstelle beginnend muss man zuerst über viele, viele Stufen schweißtreibend nach oben – es sind bis zum höchsten Punkt am Kapuzinerberg zweihundert Höhenmeter. Die (wenigen) Salzburger, die man unterwegs trifft, sind denn auch mit Sportkleidung adjustiert und gehen schnellen Schrittes. Erreicht man die erste Geländestufe, sollte man sich nach links wenden und einen kurzen „Zusatzanstieg“ in Kauf nehmen: Der „Gnigler Kavalier“ bietet eine wunderbare Aussicht auf Schallmoos und Gnigl. Kavaliere nannte man höher gelegene Geschützplattformen zur Absicherung eines Zugangs oder Stadttores. Von hier hat man einen guten Überblick über das Auswuchern der Stadt, zugleich auf die dörfliche Struktur von Gnigl, auf die Schallmooser Gewerbegebiete und Schrebergärten. In der Ferne kann man die während des „Dritten Reichs“ erbaute Autobahnbrücke bei Hallwang und weiter östlich den Kolomansberg mit seinen beiden weißen Radarkuppeln erblicken.

Franziskischlössl

Die erwähnte imposante Wehrhaftigkeit präsentiert schließlich die östliche, abweisende Seite des Franziskischlössls, des zentralen Baus der Lodron'schen Verteidigungsanlagen am Kapuzinerberg. Mit seinen Schießscharten zeigt er deutlich seinen militärischen Zweck, auch wenn er nach dem Dreißigjährigen Krieg als Jagdunterkunft diente. Das 1629 erbaute „Castell" war aber von Anfang an mit Räumen für den Erzbischof sowie einer Hauskapelle ausgestattet. In den Jahren, nachdem Salzburg endgültig zu Österreich gekommen war, schenkte man hier heroben alkoholische Getränke aus. 1825, so wird berichtet, musste der Ausschank eingeschränkt werden, es sei zu Ausschreitungen gekommen. Nach Jahren der Stilllegung wurde 1849 der Gastbetrieb wieder aufgenommen und bis heute durchgehend (von einigen Kriegsjahren abgesehen) beibehalten.

Von den wilden Anfangsjahren der Gaststätte ist heute nichts mehr zu erahnen, es geht nun eher gediegen zu. Dem durstigen Bergwanderer bietet sich keine Berghütte, sondern – leider nicht länger als bis 17 Uhr – „der wohl schönste Gastgarten Salzburgs" (Eigenwerbung auf der Homepage). Die Pächter haben sich auf die Vermietung einzelner Räumlichkeiten dieser singulären Location spezialisiert, private Feiern und Trauungen werden exklusiv ausgestattet und kulinarisch begleitet. Vor Weihnachten ist das Franziskischlössl wahrscheinlich der ungewöhnlichste Ort Salzburgs für einen Christkindlmarkt, es gibt dafür einen Shuttledienst ab der Linzergasse.

Vom höchsten Punkt des Kapuzinerbergs hat man nun drei Möglichkeiten zum Abstieg: den Fahrweg, nach dem Schriftsteller Stefan Zweig benannt, den nordseitigen Weg über die „Bayerische Aussicht" sowie den Basteiweg. Die Straße stellt dabei naturgemäß die unspektakulärste Variante dar, was nicht heißt, dass sie ohne Reiz ist – der Naturraum dieses Stadtberges weist überall Schönes – Waldeinsamkeit, Ausblicke – auf. Dabei ist zu bedenken, dass in früheren Jahrhunderten am Berg viel weniger Wald vorhanden war: Aus Verteidigungsgründen war eine freie Sicht wichtig. In Kriegszeiten kam es vor, dass die Berghänge völlig abgeholzt wurden und auch das Plateau teilweise vom Wald befreit war, das letzte Mal während des Franzosenkriegs 1800–1809. Hinzu kam, dass es auf dem Kapuzinerberg Weidewiesen gab und man, besonders im 19. Jahrhundert, auf freie Ausblicke großen Wert legte – so

Blick von der „Bayerischen Aussicht"

hatte man früher vom Franziskischlössl freie Sicht auf die Alpen im Süden. Es gibt durchaus Stimmen, die Eingriffe in die Überwucherung kulturgeschichtlich gewachsener Sichtachsen fordern. (vgl. Medicus 2008, 17) Aber trotz der österreichweit großen Zuwachsraten der Bewaldung macht man sich mit der Forderung nach kleinen, lokal beschränkten Schlägerungen nicht beliebt.

Für den der Botanik Kundigen birgt der Kapuzinerberg zahlreiche Schätze, von denen ich Unkundiger die wichtigsten anführe, sind doch allein die Bezeichnungen ein Genuss: die beiden Heilkräuter Wald-Sanikel und Bingelkraut, Klebriger Salbei, Schwalbenwurz, Türkenbund, die Orchideenart Langblättriges Waldvögelein. An den Felsen lassen sich Alpen-Aurikel, Gebirgsrose, Alpenmaßliebchen oder die Echte Felsenbirne finden, auf dem Plateau die Ährige Teufelskralle, das Vielblütige Salomonssiegel oder die Frühlingsplatterbse. Für den Glücklichen oder Geduldigen weist auch die Fauna des Bergrückens Besonderheiten auf, man kann hier Dachs, Waldkauz oder Kolkrabe sichten. Sieht man eine Schlange, die einer Kreuzotter ähnelt, muss man keine Angst haben, die Coronella austriaca, die Schlingnatter, ist ungefährlich. Ich kann als biologisch einigermaßen Unbedarfter immerhin von einer Feuersalamander-Sichtung berichten. Die „Stars“ vor Ort habe ich allerdings noch nicht zu Gesicht bekommen: die Gämsen. 1948 verirrte sich, so die Überlieferung, ein Gamsbock auf den Berg, „vier Jahre später wurde diesem einsamen Bock von Tierfreunden eine Geiß aus der Steiermark beigestellt“ (Medicus 2005, 16), die Urzelle der heutigen Kolonie. Die Tiere werden gefüttert, der Kapuzinerberg ist also eine Art Freigehege für diese Stadtgämsen.

Gegen-Orte

Der Basteiweg beginnt direkt beim Franziskischlössl. Schilder weisen darauf hin, dass es sich um einen „alpinen Steig" handle und man dementsprechende Vorkehrungen treffen solle. „Alpin" mag etwas übertrieben sein, aber wie beim Doblersteig können gute Schuhe, gerade bei nassem Boden, nicht schaden. Als Verteidigungslinie errichtet, war die Mauer mit ihren insgesamt 14 Aussichtstürmchen, „Gaffen" genannt, nicht für Besucher gedacht. Der „Stadtverschönerungs-Verein Salzburg" machte den Basteiweg um 1930 zugänglich. Unterbrochen ist der Weg durch die Umgehung der sogenannten Spaur-Villen, die wahrscheinlich spektakulärste Wohnmöglichkeit in Salzburg, direkt über dem Abbruch hinunter nach Parsch. Hier stand ursprünglich das 1630 errichtete „Militär-Backhaus", in der Nähe befand sich eine Mühle, die mit Pferd betrieben werden konnte – Mühle und Bäckerei waren für die Selbstversorgung im Belagerungsfall gedacht. 1860 erwarb der Bergbauunternehmer Philipp von Spaur das Anwesen, das Back- wurde zum Gesindehaus, er ließ eine Villa errichten, das der Bergkante am nächsten gelegene Gebäude.

Der durchaus sportliche Weg entlang der Lodron'schen Bastei wird von stetem Verkehrsrauschen – vor allem aus der

Gaffer gegenüber der Altstadt

nahen Imbergstraße (die den alten, etymologisch nicht endgültig geklärten Namen des Kapuzinerbergs trägt) – begleitet. Es ist kein penetrant lautes, aber ein beständiges Hintergrundrauschen, laut genug, um den Spaziergänger an das Dauerthema der Salzburger Verkehrsüberlastung zu gemahnen. Hier zwischen Kapuzinerberg und Altstadt liegt eines der prekären Nadelöhre der Stadt, hier bricht regelmäßig der Verkehr zusammen. Seit der Nachkriegszeit gab es daher immer wieder Pläne, den Kapuzinerberg in einem Tunnel zu unterfahren, zuletzt firmierte das Projekt unter dem Titel „Citytunnel". Das Projekt gehört wie die Salzburger „U-Bahn" (die Verlängerung der Lokalbahn vom Bahnhof in die Altstadt und darüber hinaus) zu den vielen verschiedenen Vorschlägen – oft durch teure „Machbarkeitsstudien" gestützt –, der Verkehrsmisere Salzburgs Herr zu werden. Doch diese Überlegungen landeten bislang allesamt wegen zu hoher Kosten oder der offensichtlichen Unmöglichkeit, sich in der Gemengelage unterschiedlicher verkehrs-, kommunal- und wirtschaftspolitischer Interessen zu einigen, in der Schublade. Das heißt aber nicht, dass nichts passierte in Salzburg. Der öffentliche Verkehr wird Schritt für Schritt forciert. Das O-Bus-Netz ist gut ausgebaut, es gibt immer mehr Busfahrstreifen – allein, die Taktung könnte dichter sein, und oft steht der Bus ebenfalls im Stau. Viele Salzburger fahren mit dem Fahrrad, auch bei Schlechtwetter. Für Besucher gibt es mittlerweile mehrere Möglichkeiten, die Stadt mit dem Fahrrad zu erkunden. (Link am Ende des Kapitels)

Die meisten Gaffen sind versperrt, früher dienten sie Obdachlosen vielfach als Unterkunft. Nur noch eines dieser Aussichtshäuschen, direkt unterhalb des Kapuzinerklosters, ist bewohnt. Eine Wäscheleine ist davor aufgespannt, es schaut relativ häuslich aus. Als ich an der Unterkunft vorbeischlendere, werde ich angeschnorrt, allerdings nicht nach Geld oder Zigaretten: „Hast a Handy dabei? Darf ich's einmal benützen?"

Die dritte Möglichkeit, vom Franziskischlössl zum Kapuzinerkloster zu kommen, ist der nördliche Weg über die „Bayerische Aussicht" (der Name ist Programm). Der große Kavalier unterhalb des Aussichtspunkts ist gesperrt, er diente der Sicherung des Linzer Tores. Ein Stück bergabwärts kann man allerdings den „Kleinen Cavalier" besichtigen, eine kleine Plattform mitten im Nordabhang des Berges – unterhalb des Kavaliers wurde ein Klettergarten installiert. Dieser abgelegene Ort – der Zugang ist nicht ausgeschildert – scheint ein Rückzugsort für Jugendliche zu sein, ein „Gegen-Ort" für Einheimische. Eine Feuerstelle verweist auf die Benützung als „romantischen" Sozialraum, ein Graffito an der Wand („Weed") auf die hier bevorzugte Art der Konsumation.

Mozart und Zweig

Wo die Fahrstraße und der „Kavalier“-Weg zusammentreffen, steht eine Mozart-Büste – bis vor 80 Jahren ein zentraler Ort der Salzburger Mozart-Verehrung. Der Mozart-Kult in der Stadt entwickelte sich erst allmählich und relativ spät. Das von Erzbischof Schwarzenberg (Spaziergang 5) initiierte Mozart-Denkmal neben der Neuen Residenz wurde 1842 enthüllt, 1880 verwandelte man das Geburtshaus in eine Gedenkstätte. 1877 wurde das erste internationale „Musikfest“ veranstaltet, ein kleines Mozart-Festival und Vorläufer der Festspiele. Damals traten die Wiener Philharmoniker, bis heute das zentrale Orchester der Festspiele, erstmals außerhalb Wiens auf, mit einer Sondergenehmigung des Kaisers; Fackelzüge, Fahnenweihen und Ähnliches huldigten dem Genius loci. Berta von Schwarz, die Frau des Bauunternehmers Carl von Schwarz (Spaziergang 3), stiftete die Büste, die hier zu sehen ist. Ausführender war der Bildhauer Edmund Hellmer, dessen Strauß-Denkmal im Wiener Stadtpark heute ungleich berühmter ist. Im Rahmen des ersten Mozart-Musikfests wurde hier oben auch das sogenannte Zauberflötenhäuschen aufgestellt, das einige Jahre zuvor der Stiftung Mozarteum geschenkt worden war. Ursprünglich stand die Holzhütte im Garten des

des Freihaustheaters in Wien, dem Uraufführungsort der *Zauberflöte*. Eine Legende besagt, dass Mozart dort Teile des Singspiels komponiert habe, eine andere, dass Proben stattgefunden hätten. Das Häuschen wurde jedenfalls zu einem Wallfahrtsort des aufkommenden Mozart-Tourismus. Nach dem Zweiten Weltkrieg musste es renoviert werden, es übersiedelte in den Bastionsgarten hinter dem Mozarteum, wo es heute im Rahmen von Führungen besichtigt werden kann.

Bevor 1877 der Kapuzinerberg für eine Zeit lang zum wichtigsten Salzburger Mozart-Gedenkort wurde, diente dieser Platz profanen Verlustigungen: Hier frönten die Kapuzinermönche dem Smaraggel-Spiel. Obwohl das Smaraggeln weitab der Stadt stattfand, ging das Spiel in bürgerliche Kreise über. Es gab im 19. Jahrhundert in Salzburg sogar richtige Smaraggelgesellschaften. Das Spiel, bei dem eine Holzkugel auf Kegel geworfen wird, dürfte für die Mönche eine der wenigen erlaubten Ablenkungen vom arbeitsreichen Klosteralltag gewesen sein. Viel Zeit verbrachten die frommen Männer wohl mit Gartenarbeit. Unterhalb des Mozart-Denkmals befindet sich, hinter Mauern und hohen Bäumen schwer erkennbar, ein großer Teich, angelegt als Wasserreservoir für den Klostergarten. Auch der Garten – auf der anderen Seite des Stefan-Zweig-Wegs – ist schwer einsehbar, an der Mauer wirbt eine Imkerei für ihren Klosterhonig. Erzbischof Wolf Dietrich hatte 1596 die Kapuziner nach Salzburg geholt. Der Bettelorden sollte mit seiner Bescheidenheit und Beschränkung auf das spirituell Wesentliche ein Angebot für Zeitgenossen sein, die sich von der prunkenden katholischen Kirche ab- und dem Protestantismus zugewendet hatten. 1602 erfolgte die Weihe der Kapuzinerkirche, bis zur Fertigstellung des Klosters in seiner heutigen Form dauerte es noch bis 1690.

Der Klosterkirche gegenüber sieht man hinter dichten Sträuchern das sogenannte Paschingerschlössl, das in seinem Kern aus dem 17. Jahrhundert stammt. Bekannt ist das

Gebäude durch einen ehemaligen Besitzer, einen der meistgelesenen deutschsprachigen Autoren des 20. Jahrhunderts. Von 1919 bis 1934 lebte hier Stefan Zweig mit seiner ersten Frau Friderike von Winternitz. Die Stadt Salzburg tat sich sehr lange schwer mit der Erinnerung an ihren berühmten Bewohner, bis heute existiert keine Postadresse, die an Zweig erinnert. Der Zweig-Weg von der Linzergasse auf den Kapuzinerberg ist eine Benennung honoris causa (und war erst nach jahrzehntelangem Widerstand im Gemeinderat durchsetzbar), die Adresse der Häuser am Weg ist „Am Kapuzinerberg". Salzburg ist mit diesen Schwierigkeiten der Erinnerung an berühmte jüdische Mitbürger in guter Gesellschaft: In Wien findet sich unglaublicherweise nach wie vor keine an Sigmund Freud erinnernde Postadresse. In Salzburg änderte sich die Lage jedoch grundlegend im Jahr 2008, seit damals gibt es das Stefan-Zweig-Centre in der Edmundsburg am Mönchsberg, eine agile Institution für das Zweig-Gedenken und die Zweig-Forschung.

Stefan Zweig erwarb das Gebäude noch während des Ersten Weltkriegs. Seine spätere Frau Friderike erzählt in ihren Lebenserinnerungen *Spiegelungen des Lebens* (1964, 74) vom Erwerb des „Traumschlösschens": „Wenn ich nicht irre, so hatten wir schon im Oktober 1916 anläßlich unseres Aufenthalts im Hotel Nelböck in Salzburg davon gesprochen, daß es schön wäre, hier zu leben. Bei einem Spaziergang auf den Kapuzinerberg, nahe dem Kloster auf einer Bank sitzend, sah ich eine schloßartige Villa mit dem typisch österreichischen gelben Anstrich, ungemein fröhlich und zugleich geheimnisvoll längs der Einfriedungsmauer des Berges hingebaut, in einem parkartigen Garten. [...] Zehn Monate später, als der Gedanke, uns irgendwo anzusiedeln, greifbare Formen angenommen hatte, lasen wir eine Annonce von einem Besitz, der in Salzburg zu verkaufen sei. Wir ließen uns die Beschreibung kommen und waren entzückt von all dem Reizvollen, was sie enthielt. Daß der Besitz sich am Kapuzinerberg befand, machte ihn noch geheimnisvoller, denn ich entsann mich, daß außer dem Schlößchen (nein, das konnte doch nicht zu haben sein!) nur noch zwei oder drei im Wald gelegene Villen oder etwa solche auf der anderen Seite des Berges in Frage kämen. Stefan ließ mich mich reisefertig machen und gab mir freie Hand zu verhandeln. Es *war* das Traumschlößchen, allerdings mit allerlei Schäden." Eine schöne Beschreibung der Lage des Hauses, aber auch der Rollenaufteilung des Paares, Friderike war für das Haus und das Häusliche zuständig, sodass Stefan fern vom Alltäglichen störungsfrei arbeiten konnte.

Im März 1919 wurde das Haus bezogen, Friderike hat „zwei Jahre und noch mehr dazu verwendet, es traulich und komfortabel zu machen". Für Friderike Zweig war das Leben am Kapuzinerberg sicher kein leichtes, aber ihr war von Anfang an klar, worauf sie sich einließ (auch auf die „Nebenfrauen").

Viele berühmte Kollegen empfing Zweig, gerne in Lederhosen, etwa Franz Werfel, Thomas Mann, James Joyce, H. G. Wells. In erster Linie war Salzburg aber Arbeitsstätte für den „Erwerbszweig", wie Zeitgenossen ätzten. Zweigs

Imbergstiege

Salzburger „Betrieb des Großschriftstellers“, wie Gert Kerschbaumer diese Textproduktion mit Welterfolg nennt, durfte nicht ruhen. Am Kapuzinerberg arbeitete permanent eine Schreibkraft, die die Texte diktiert bekam und das Stenogramm dann abtippte. „Etwa 200.000 Seiten werden in den fünfzehn Betriebsjahren produziert.“ (Kerschbaumer 2003, 96)

Anfang der 1930er-Jahre mehren sich die Misstöne. Friderike ist ihrer Rolle als Haushaltsmanagerin überdrüssig, Zweig häufig bei seiner Geliebten in Paris, die nationalsozialistischen Agitationen nehmen zu. Als es 1934, zu Beginn der austrofaschistischen Ära, am Kapuzinerberg zu einer Hausdurchsuchung kam, reiste Zweig ab. Man gab vor, ausgerechnet beim prononcierten Pazifisten Waffen gesucht zu haben. Zweig kehrte nicht mehr nach Salzburg zurück. Friderike blieb mit den beiden Töchtern aus erster Ehe noch einige Zeit im Paschingerschlössl wohnen. 1937 verkaufte Zweig das Haus an die Familie Gollhofer, in deren Besitz es sich immer noch befindet.

„Das Allerhäßlichste der ganzen Welt“: die malerische Steingasse

Zwei Wege führen steil vom Kapuzinerberg herunter: die Fortsetzung des Stefan-Zweig-Wegs in die Linzergasse mit den spätbarocken Kreuzwegstationen und die 200 Stufen der Imbergstiege, vorbei an der kleinen Johanniskirche – mein bevorzugter Zu- und Abstieg. Die Stiege mündet in die malerische, enge Steingasse. Hierher verirren sich, je weiter man in die ehemalige „Steinvorstadt“ vordringt, auch in der Hauptsaison nur wenige Besucher – eine Zeitreise in eine spätmittelalterliche Stadt. Noch im 19. Jahrhundert galt die Steingasse jedoch als ärmliches, nicht als malerisches Viertel. Ignaz Franz Castelli etwa, einer der erfolgreichsten Wiener Theaterdichter seiner Zeit, bezeichnete in seinen *Memoiren meines Lebens* (1861) das Grätzel schlicht als hässlich: „Man mag von der Stadt Salzburg hinfahren, wohin man will, herrlich ist es in der Umgegend überall, aber das Allerhäßlichste der ganzen Welt muß man passieren, wenn man durch die Steinvorstadt fährt. Es ist dies eine einzige, eine Viertelstunde lange Straße, in welcher zwei Wagen einander nicht ausweichen können, ja selbst ein Mensch muß sich fest an die Wand drücken, um von den Rädern eines ihm entgegenkommenden

Wagens nicht ergriffen zu werden. Die Häuser auf einer Seite werden von der Salzach, jene auf der andern von steilen hochaufstrebenden Felsen beengt. Die meisten der letzteren haben statt der Hinterwand nur den Felsen selbst, von welchem immerfort Wasser in ihre Zimmer fließt. Es wohnen auch die ärmsten Leute in dieser Gasse.“ (Castelli 1969, 225)

Will man den sportlichen Kapuzinerspaziergang gleich zu Beginn der Gasse ausklingen lassen, sei ein Klassiker der Lokalszene empfohlen: die Shrimps Bar. Das kleine, stimmungsvolle Lokal bietet seit Mitte der 1980er-Jahre auf gleichbleibend gutem Niveau internationale Küche mit italienischem Einschlag, Meeresfrüchte und Fisch sind Namensgeber und Schwerpunkt. Hat man noch Kraft in den Beinen und im Kopf, sollte man im ersten Teil der Gasse zwei kulturelle Attraktionen besuchen: das Salzburger Filmkulturzentrum „Das Kino“ sowie das Antiquariat Weinek. Der Betreiber der bibliophilen Schatzkammer ist dichterisch (als Max Blaeulich) und verlegerisch (Tartin Editionen) tätig und zudem kompetenter Auskunftsgeber bei allen literarischen und bibliophilen Fragen. Eine große Bücherauswahl findet man auch ein Stück weiter in der Paracelsus Buchhandlung, der Schwerpunkt liegt auf spiritueller Literatur.

Gar nicht abgehoben, sondern bodenständig geht es rund zehn Häuser weiter zu: Die Andreas-Hofer-Weinstube ist eines der am längsten durchgehend bestehenden Wirtshäuser Salzburgs. An diesem Ort gibt es seit den 1870er-Jahren eine Gaststätte, die „Andi Hofer“ seit den 1920er-Jahren. Das auf einfachen Holztischen servierte Essen besticht durch für Salzburg günstige Preise, man kann hier um zehn Euro satt werden und eine Bouteille Wein ab zwanzig Euro trinken. Die Speisekarte weist zwar auch Verirrungen wie Scampi, aber sonst nur einfache Hausmannskost auf. Als Studenten aßen wir gerne und oft Spaghetti aglio e olio, die nach wie vor noch nicht puristisch „richtig“ gekocht werden, aber gut und sättigend sind.

Wer immer noch Zeit, Energie und Entdeckerlust hat, möge die Steingasse weiterspazieren und in die Arenbergstraße wechseln. Kann man heute bei der Steingasse längst nicht mehr von einer schlechten Wohngegend sprechen, so zeigt sich die Arenbergstraße als noble Büroadresse. Wichtigstes Gebäude in der Straße ist das namensgebende Schloss, bekannt vor allem als Wohnstätte des einstmals berühmten Schriftstellers Hermann Bahr. Der in Linz geborene Bahr besuchte 1878 bis 1891 in Salzburg das Gymnasium, er wohnte bei seinen Großeltern. Nach Jahren in Wien, in denen er zum Mittelpunkt des Fin-de-siècle-Literatenkreises „Jung Wien" wurde, lebte er von 1912 bis 1922 wieder in der Stadt und erkor Schloss Arenberg zum Wohnsitz. 1922 folgte er seiner Frau, der berühmten Opernsängerin Anna Mildenburg, nach München. Ihre letzte Ruhestätte fanden beide im Familiengrab am Kommunalfriedhof. (Spaziergang 3) Bahr war nicht frei von antisemitischen Ressentiments, was ihn aber nicht davon abhielt, in Salzburg regen Kontakt zu Stefan Zweig zu pflegen. Heute ist Schloss Arenberg Sitz der Salzburg-Stiftung der American Austrian Foundation für Wissenschaft und Kultur. Im Schlossgarten ließ der Kunstsammler Reinhold Würth (Spaziergang 5) einen öffentlich und frei zugänglichen „Skulpturengarten" anlegen. Zwar stellen drei der ausgestellten Kunstwerke Sitzgelegenheiten dar – Jeppe Heins zwei *Modified Social Bench(es)* sowie Magdalena Jetelovás *Stuhl* –, aber sie dienen dem müden Wanderer nicht zum Sitzen, sondern zur Anregung und Kontemplation.

Tipps

Fahrradverleihe in Salzburg:
www.salzburg.info/de/reiseinfos/anreise-verkehr/radfahren/verleih

Doblersteig
Erreichbarkeit: O-Bus-Linien 2, 4, 10 oder 12, Station Sternneckstraße, Fußweg über Linzer Bundesstraße bis zur „Eni"-Tankstelle. Länge: 1,1 km zum Franziskischlössl festes Schuhwerk empfohlen

Franziskischlössl
Kapuzinerberg 9, 5020 Salzburg
Tel. +43 (0)662 872595
Öffnungszeiten: Mi–So 11–17 Uhr
(Küche 11.30–16 Uhr, Schankschluss 16.30 Uhr)
www.franziskischloessl.at

Shrimps Bar
Steingasse 5, 5020 Salzburg
Tel. +43 (0)662 874484
Öffnungszeiten: tägl. ab 17 Uhr (warme Küche bis 22.30 Uhr)
www.shrimps.at

Das Kino–Salzburger Filmkulturzentrum
Giselakai 11, 5020 Salzburg
Tel. +43 (0)662 873100
www.daskino.at

Antiquariat Weinek
Steingasse 14, 5020 Salzburg
Tel. +43 (0)662 882949
Öffnungszeiten: Di–Fr 10–12 und 14–18 Uhr, Sa 10–12 Uhr
www.antiquariat-weinek.at

Paracelsus Buchhandlung
Steingasse 47, 5020 Salzburg
Tel. +43 (0)662 88267
Öffnungszeiten: Mo–Fr 9–18.30 Uhr, Sa 9–14 Uhr
www.parabuch.at

Weinstube Andreas Hofer
Steingasse 65, 5020 Salzburg
Tel. +43 (0)662 872769
Öffnungszeiten: Mo–Sa, Feiertag 18–1 Uhr
www.dieweinstube.at

Würth Skulpturen Garten bei Schloss Arenberg
Arenbergstraße 10, 5020 Salzburg
Auflistung der 13 Objekte: www.salzburg.com/wiki/index.php/
Würth_Skulpturen_Garten_bei_Schloss_Arenberg

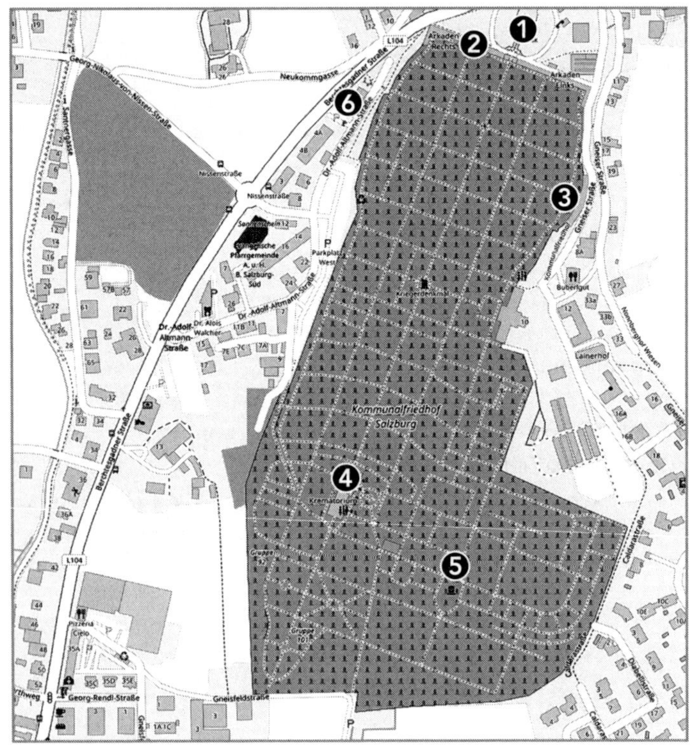

1	*Haupteingang*	4	*Krematorium*
2	*Ehrengrab Rudolf Biebl*	5	*Anonymes Urnenfeld*
3	*Friedhofsverwaltung*	6	*Gasthof Hölle*

„Zurück zu den moosigen Wäldern“

Über den Kommunalfriedhof

Der Ururgroßvater

Jede Familie hat ihre eigenen Geschichten und Mythen. Diese Geschichte gehört zwar zum Inventar unserer familiären Narrative, aber sie ist keine von jenen Überlieferungen, die bei Familienfeiern rituell wiederholt werden und die darob die jüngeren Familienmitglieder stets mit den Augen rollen lassen. Es ist weder eine Heldengeschichte noch eine lustige Anekdote zur Unterhaltung – und sie führt uns zum Salzburger Kommunalfriedhof.

Betritt man den Gottesacker durch den Haupteingang, breiten sich zur Linken und Rechten symmetrisch die Gruftgräber aus. Unter den in der typischen klassizistischen Architektur der Gründerzeit ausgeführten Arkaden haben jene Salzburger Bürgerfamilien – die nicht in den Altstadtfriedhöfen „beheimatet" sind – ihre letzten Ruhestätten. Es ist auf diesem großen Friedhof nicht anders als in Kleinstadt- oder Landfriedhöfen: Die Trennung in Grüfte und „normale" Gräber spiegelt die soziale und ökonomische Segregation unter den Lebenden in den jeweiligen Kommunen wider. Und so liegen auch hier in den Familiengrüften die Verstorbenen einiger „erster" Salzburger Familien, etwa der Gollhofers oder der Resmanns.

Fotos am Grabstein des Löwendompteurs und Zirkusdirektors Karl Rebernigg

Unter den Arkadengrüften befinden sich zwei Ehrengräber, beide für Salzburger Bürgermeister des 19. Jahrhunderts: das eine für Ignaz Harrer, 1872 bis 1875 Stadtoberhaupt, das andere für Rudolf Biebl, seinen Nachfolger auf diesem Posten für zehn Jahre. Rudolf Biebl war mein Ururgroßvater. Aber mit dem Erbe dieses Prominenten, mit der altehrwürdigen Salzburger Bürgerfamilie verbindet mich aus guten Gründen nichts.

Der Friedhof der Gründerzeit

Die Geschichte des Salzburger Kommunalfriedhofs ist die Geschichte der Stadterweiterung in der zweiten Hälfte des 19. Jahrhunderts. Salzburg erlebte nach dem Ende der jahrhundertelangen staatlichen Souveränität – Mozart war kein Österreicher, sagen die Salzburger gerne – eine Ära ökonomischen Niedergangs, des Bevölkerungsrückgangs und der politischen Demütigung: Es wurde 1816, nachdem es endgültig zu Österreich gekommen war, dem Herzogtum ob der Enns, also Oberösterreich, zugeschlagen. Erst 1849 wurde das Land Salzburg zu einem eigenständigen Herzogtum, die Stadt wieder zu einer Hauptstadt – was ja auch mit Arbeitsplätzen in Gerichten und Verwaltung verbunden war.

Ein wichtiger Impuls für die Prosperität war der Anschluss an das internationale Eisenbahnnetz 1860. Fünf Jahre später hatte die „Saisonstadt" auch ihr standesgemäßes Entrée: Mit dem „Hôtel de l'Europe", dem Bahnhof direkt gegenüber, wurde das erste Luxushotel der Stadt eröffnet. Im Jahr der Eröffnung der Bahnlinie wurde der „Fortifikationsrayon" Salzburg aufgehoben, die Basteien, Wälle und Tore, die die Altstadt östlich der Salzach beschützten, wurden nun abgetragen und damit Baugrund geschaffen. Aus Anlass der

50-jährigen Zugehörigkeit Salzburgs zu Österreich schenkte Franz Joseph 1866 der Gemeinde Salzburg die Gründe zwischen Schloss Mirabell und dem noch vorhandenen Äußeren Steintor. Damit war die Grundlage zum Aufbau eines neuen Stadtviertels, dem Andräviertel, geschaffen. Hier wurde der erzbischöflichen Altstadt eine bürgerliche Neustadt gegenübergestellt, die sich schließlich auf die durch die Regulierung der Salzach gewonnenen Gisela-, Elisabeth- und Rudolfskai sowie Schallmoos und die Elisabeth-Vorstadt ausdehnte.

Zwei Namen sind zentral für die Salzburger Gründerzeit: Schwarz und Ceconi. Der aus Tschechien gebürtige Carl von Schwarz dürfte in jenen Tagen der einflussreichste Unternehmer Salzburgs gewesen sein. Er war ein klassischer Selfmademan, stammte aus mittelloser Familie und arbeitete sich über eine Maurerlehre und ein Technikstudium zum Ausführenden von Großaufträgen im Bahnbau und dem Chef eines Baukonzerns hoch. Für seine Leistungen ließ die Stadt 1867 eine Straße nach ihm benennen. Carl von Schwarz, der 1898 wegen mehrerer Korruptionsfälle nicht mehr im Vollbesitz seiner bürgerlichen Ehre starb, liegt nicht auf dem Gründerzeitfriedhof, sondern

auf dem Friedhof Gnigl (das erst 1935 eingemeindet wurde) begraben.

Hingegen fanden die anderen Baumeister der Salzburger Stadterweiterung hier ihre letzte Ruhestätte: Valentin Ceconi war 1857 aus dem Friaul nach Salzburg gekommen und hatte 1863 sein Bauunternehmen gegründet. Die Firma Ceconi wurde schließlich samt Ziegelei, Gipswerk, Steinbruch, Großtischlerei, Bildhauerwerkstätte und günstigen norditalienischen Saisonarbeitern zum Generalunternehmer. Mit dem Sohn Jakob stand auch noch ein Architekt zur Verfügung, der sich unter anderem beim Wiener Ringstraßenarchitekt Heinrich von Ferstel weitergebildet hatte. Das bekannteste Ceconi-Haus wurde das Bazar-Gebäude, das Haus Nr. 1 in der nach Schwarz benannten Straße. Bedenkt man, dass es kaum ein Gebäude in der „Neustadt“ gibt, das nicht von den Ceconis gebaut wurde – bis zur Liquidierung der Firma durch Enkel Karl 1932 führten die Ceconis gut 500 Neubauten in Salzburg aus –, so nimmt sich die Grabstätte der Familie ungewöhnlich bescheiden aus.

Den Kommunalfriedhof, zu dessen Errichtung es Bestrebungen seit den 1860er-Jahren gab, bauten weder Schwarz noch die Ceconis. Als man 1870 ein geeignetes Grundstück in Gneis fand, das stadtnah und dennoch weit genug entfernt war, um der Stadterweiterung nicht im Wege zu stehen, nahm die Stadtgemeinde die Errichtung selbst in die Hand. Die Ceconis wären schneller gewesen: Die offizielle Eröffnung erfolgte erst acht Jahre später. Allerdings hatte die Stadtgemeinde auch mit Querelen in der Vorbereitungszeit zu kämpfen, das fürsterzbischöfliche Ordinariat intervenierte gegen den Plan, den Friedhof nicht räumlich nach Konfessionen zu trennen. Das waren Rückzugskämpfe der in der Gründerzeit weiter an Einfluss verlierenden katholischen Kirche; sie konnte sich nicht durchsetzen, im Dezember 1878 wurde nur ein Teil des Friedhofs nach katholischem Ritus geweiht. Mit Jahresbeginn 1879 wurde die Erdbestattung in den vier innerstädtischen

Haupttor

Friedhöfen Mülln, Nonntal, St. Peter und St. Sebastian aufgelassen. Der Gemeinderat beschloss, Friedhofsgestaltung ohne Architekten ausführen zu lassen. Das Stadtbauamt sollte sich am Münchner Südfriedhof orientieren, zugleich gelang ihm eine eigenständige Formaussage, die im vorderen Teil mit seinen ziegelverkleideten, in Terracottarot gehaltenen Gruftarkaden an einen italienischen Camposanto gemahnt.

Das Schwarze Schaf und seine Tochter

Doch bevor ich mir den Friedhof „erschließe", will ich das Grabmal meines Ururgroßvaters genauer anschauen. Betritt man den Friedhof über die große Freitreppe und das tempelartige Hauptportal, den zentralen architektonischen Akzent der Anlage, so muss man sich nach rechts wenden. Das Biebl-Grab (Gruft Nr. 11) wird durch eine mannshohe Engelsfigur dominiert, die in einladender Geste vor einer Pforte steht, über der die Worte „Kommet der Herr rufet euch" eingraviert sind. Man gedenkt hier des gelernten Kaufmanns Biebl, eines typischen Gründerzeit-Entrepreneurs, der den Finanzhaushalt der Stadtgemeinde zehn Jahre lang erfolgreich managte. Er übernahm 1875 das Bürgermeisteramt in schwierigen Zeiten, der Börsenkrach 1873 ging auch an Salzburg nicht spurlos vorüber. Aber die eifrige Bautätigkeit, begünstigt durch den Verkauf von Gemeindegründen, spülte die Gulden in die Stadtkasse. Unter seiner Ägide wurde die „Hauptbrücke" (heute Staatsbrücke) sowie der Kommunalfriedhof errichtet. Das *Salzburger Volksblatt* schrieb 1895 in seinem Nekrolog von einem „Fortschrittsfreund", den man verloren habe, er sei „ein glühender Anhänger freiheitlicher Principien" gewesen, wobei man sogleich hinzufügte, dass Biebl „aber auch allezeit von echter Religiosität erfüllt" gewesen sei.

Eine Vorzeigebiografie also: ein klassischer Liberaler, Kaufmann und Politiker, über zahlreiche Vereinsmitgliedschaften im erstarkten Bürgertum vernetzt, zugleich – in Salzburg besonders wichtig – die katholischen Wurzeln pflegend, seiner Frau in Treue zugetan, Vater von neun Kindern. Es könnte sein, dass es für die Kinder nicht immer leicht war, den Ansprüchen des pater familias und der Familienbiografie zu genügen. Nicht gelungen ist dies jedenfalls einem der Söhne, dem 1864 geborenen Arthur. Zwar studierte er Jus und promovierte zum Dr. iur., aber während eines seiner Rechtspraktika, im Mondseeland, verliebte er sich in eine Magd, die noch dazu einer unehelichen Verbindung entstammte. Das war nicht nur nicht standesgemäß, sondern auch unmoralisch. Arthur Biebl stand aber zu seiner Marie und heiratete sie. Damit war er das Schwarze Schaf der Familie, das man alimentierte, aber auf Entfernung hielt. Und als würde sich diese Außenseiterrolle im Familiengrab widerspiegeln müssen, ist sein Name auf dem Grabdeckel fast unleserlich, verwittert – ganz im Gegensatz zu den anderen, gut erhaltenen Namenszügen.

Der Ehe von Arthur und Marie Biebl entstammte nur ein Kind, meine Oma. Auch wenn es eine Liebesheirat gewesen sein dürfte, die Eheleute lebten sich auseinander und gingen schließlich getrennte Wege – Arthur blieb in Salzburg, Marie folgte ihrer Tochter. Meine Oma hatte einen Rheinländer geheiratet, der ab 1933 in der „Deutschen Arbeitsfront" Karriere und an verschiedenen Orten quer durch Deutschland beruflich Station machte. Vielleicht war es eine spezielle Vorahnung: Ende 1944 in Dresden brachte er jedenfalls seine Frau dazu, mit den drei Kindern die Stadt zu verlassen und im vor größeren Bombenangriffen als sicher eingestuften Salzburg Zuflucht zu suchen.

Meine Oma war eine stolze, strenge, dabei humorvolle Frau (aus ihrem Bücherregal habe ich das erste Mal Karl Valentin gelesen). Wenn sie bei uns zu Besuch war, bestand

Ehrengrab Rudolf Biebls

sie darauf, nach dem Essen ihre Zigarette zu paffen (sie inhalierte nicht). Mein Vater hasste wenig mehr als Zigarettenrauch in seinem Haus. Er konnte zwar jammern, aber er konnte seiner Mutter das Rauchen dieser Zigarette nicht abschlagen. Als Kind habe ich sie jedes Mal für diese mit Genuss ausgeführte Aktion vis-à-vis unserem strengen Vater geliebt.

Als meine Oma nun Ende 1944 mit drei Kindern im Schlepptau aus Dresden kommend in Salzburg bei der Biebl-Verwandtschaft anklopfte, wurde ihr, so unsere Familienüberlieferung, die Tür gewiesen – dem Kind einer unehelichen Magd wurde auch nicht in Notzeiten geholfen. Wer den Herbergssuchenden schließlich half, war nicht die Salzburger Bürgerfamilie, sondern ein Teil der Dienstbotenverwandtschaft im Flachgau. Die Familiengeschichte weiß des Weiteren davon, dass es einige Jahre nach dem Krieg einen Annäherungsversuch der Biebl-Verwandtschaft, einen Telefonanruf gegeben habe. Meine Oma habe wortlos den Hörer aufgelegt. Auch für diese überlieferte Tat habe ich sie geliebt.

Hitlers Lieblingsbildhauer

Marie Biebl, das uneheliche Dienstbotenkind mit demselben Namen wie die Gattin Rudolf Biebls, wurde natürlich nicht in der Biebl-Gruft beigesetzt. Das war auch sicher nicht ihr Wunsch, lebte sie doch seit der Zwischenkriegszeit von Arthur getrennt (eine Scheidung kam damals nicht infrage). So liegt sie gemeinsam mit meiner Oma in einem schlichten Grab. Auf dem Spaziergang dorthin, an das andere Ende des Kommunalfriedhofs, zeigt sich die Anlage in ihrer großzügigen Weite, die alten, hohen Bäume vermitteln mitunter das Bild eines Parks. Man kann nun einfach drauflos streunen und sich durch den Gottesacker treiben lassen. Oder man organisiert seinen Spaziergang mit Plan, um bestimmte Gräber gezielt aufzusuchen.

Dazu sei der Besuch der Friedhofsverwaltung angeraten. Dort bekommt man auf Nachfrage eine Liste der „Prominentengräber" ausgehändigt, man kann vor Ort aber auch eine umfangreiche Publikation über die Geschichte und die Gräber des Kommunalfriedhofs erstehen (*Leben über den Tod hinaus ...*, hg. v. F. Zaisberger, 2006). Die Verwaltung ist in dem 1895 eröffneten Alten Leichenhaus untergebracht, einem Zentralbau, der mit seiner Kuppel Barock imitiert. Als Aussegnungshalle dient seit 1914 das benachbarte Neue Leichenhaus, ein Bau des Architekten Eduard Wiedenmann, der zwischen Jugendstil und antikisierenden Elementen changiert.

Hat man einmal die Friedhofsverwaltung aufgesucht, bietet sich die Möglichkeit, bei der Friedhofsleitung nachfragen zu lassen, ob man (ausnahmsweise ...) „den Thorak" sehen dürfte. Im Inneren der Kuppel – ein Raum, den die Friedhofsverwaltung als Lager benutzt – hat sich nämlich ein kurioser Teil eines umstrittenen Erbes nationalsozialistischen Kunstschaffens erhalten. Hier steht das monumentale Gipsmodell für die (nicht ausgeführte) Statue des Barockarchitekten Johann Bernhard Fischer von Erlach. Der Bildhauer Josef Thorak wollte die Skulptur als Dank dafür anfertigen, dass er 1943 das „arisierte" Schloss Prielau bei Zell am See günstig erwerben konnte (Thorak hatte dafür erfolgreich bei Hitler persönlich und beim Salzburger Gauleiter Gustav Adolf Scheel interveniert). Den anderen Teil seiner Dankesabstattung an den Gauleiter, die Skulptur des denkenden Paracelsus, kann man heute noch im Kurgarten sehen.

Thorak war neben Arno Breker der bedeutendste Bildhauer des „Dritten Reichs", Hitler und Goebbels setzten ihn auf die Liste der zwölf „unersetzlichen" Künstler, die von Militär- und Arbeitsdienst befreit waren. „Unsere stärkste plastische Begabung", wie Goebbels 1937 notierte, wurde vielfach protegiert: Thorak bekam von Hitler persönliche Geburtstagsgeschenke; Hitler schenkte Mussolini eine Thorak-Büste des „Duce"; Thorak erhielt ein „Staatsatelier" in Bayern; Leni Riefenstahl drehte 1943 eine Dokumentation über ihn. Seinen NSDAP-Beitritt ließ Hitler 1942 rückdatieren.

Nach der Befreiung wurde Thorak relativ schnell rehabilitiert. Seine Parteimitgliedschaft war noch unbekannt, er leugnete diese 1947 vor Gericht. 1950 fand bereits eine Thorak-Ausstellung statt, 1963 wurde eine Straße in Aigen nach ihm benannt. Weder fand bis heute trotz mehrerer Initiativen eine Umbenennung der Straße statt noch wurde die Paracelsus-Statue mit einem

Josef Thoraks Fischer von Erlach

Zusatztext versehen – ein typisches Beispiel für den nachhaltig holprigen und kaschierenden Umgang Österreichs mit seiner nationalsozialistischen Vergangenheit.

Wird einem Zutritt in die Kuppelhalle gewährt, bekommt man eine geschätzt vier Meter hohe Skulptur zu sehen, die die versuchte Umdeutung des großen Barockarchitekten, der für Salzburg vier Kirchen entwarf – darunter seine vielleicht schönste Arbeit, die Kollegienkirche –, in einen deutschen Heroen und Giganten deutlich vor Augen führt. Die Aufbewahrungsstätte in der Friedhofsverwaltung ist für diesen Nazi-Monumentalkitsch zwischen alten Aktenschränken, mit Planen abgedeckten Schachteln und Fahrrädern wahrscheinlich eine adäquate Lösung: 1943 plante Gauleiter Scheel die Aufstellung der ausgeführten Statue am Makartplatz; zur großen Thorak-Ausstellung 1950, bei der das Gipsmodell gezeigt wurde, versuchte man für die Realisierung der Statue Geld aufzutreiben, die wahrscheinlich heute noch irgendwo im öffentlichen Raum stünde – so aber richtet sich Fischer von Erlachs grimmiger, wohl als männlich-entschlossen gedachter Blick nicht in Deutschlands tausendjährige Zukunft, sondern gegen die Wand.

Kilimandscharo, „Englischer Patient“ und stärkster Mann der Welt

Ein Spaziergang über den Friedhof könnte damit beginnen, den Erbauern des gründerzeitlichen Salzburgs die Reverenz zu erweisen. Das Grabmal der Familie Ceconi bildet ein unscheinbarer Grabstein an der Friedhofsmauer zwischen Friedhofsverwaltung und den Arkadengrüften beim Haupteingang (Gruppe 110) – die Zurückhaltung im Gedenken an die für Salzburg so wichtigen Unternehmer könnte eine Entscheidung der Familie gewesen sein, aber auch Ausdruck des Umstandes, dass die Ceconis keine alteingesessenen Bürger, sondern „Zugereiste“ waren.

Jede Besucherin, jeder Besucher wird sich – wenn überhaupt – für andere „Prominentengräber“ interessieren. Ich beginne meinen Rundgang, noch vor den Ceconis, beim Grab des Verlegers Otto Müller, liegt es doch gleich in der Nähe der Biebl-Grabstätte in den Arkaden (Grab Nr. 25). Der aus Karlsruhe gebürtige Müller gründete 1937 seinen eigenen Verlag in Salzburg, der – nach der Liquidation des Verlags 1939–1945 – für das literarische Leben Österreichs wichtig wurde (und dies nach wie vor ist). Der Verlag brachte neben dem populären, durch seine NS-Nähe vorbelasteten Heimatschriftsteller Karl

Heinrich Waggerl die Gedichte Christine Lavants heraus, setzte im Frühwerk Thomas Bernhards Akzente und kümmerte sich um das Werk Georg Trakls. Das Grabmal für den 1956 verstorbenen, an religiöser Kunst interessierten Müller ziert ein Bronzerelief des Grazer Bildhauers Alexander Silveri, Mitglied des katholischen „Bund Neuland".

Die Berühmtheiten – oder genauer: die ehemaligen Berühmtheiten –, die am Kommunalfriedhof begraben liegen, bilden mit ihren unterschiedlichsten Provenienzen und Professionen ein buntes Kaleidoskop möglicher Karrieren im ausgehenden 19. und der ersten Hälfte des 20. Jahrhunderts. Das Ehepaar Hermann Bahr und Anna Bahr-Mildenburg gehörte eine Zeit lang zur Salzburger Kulturprominenz. Er war maßgeblicher Protagonist des antinaturalistischen Dichterkreises „Jung Wien", kam 1912 nach Salzburg, wo er mit seiner Frau zehn Jahre lang das Schloss Arenberg bewohnte. Der Schriftsteller Bahr war zwar eine bekannte Persönlichkeit seiner Zeit – auch durch die Angriffe Karl Kraus' gegen den „Herrn aus Linz" –, aber seine Frau übertraf ihn weit an Berühmtheit, sie war die führende Wagner-Sängerin ihrer Zeit. Bei den Salzburger Festspielen wirkte sie etwa an Hofmannsthals *Großem Salzburger Welttheater* mit. Das Ehepaar Bahr wurde im Familiengrab von Bahrs Großeltern bestattet (Ehrengrab, Gruppe 22).

Ganz in der Nähe des Bahr-Grabes, auf der gegenüberliegenden Seite des Weges zwischen den Gräbergruppen 22 und 15 (an deren westlichem Rand), ruht ein Arnold Schwarzenegger seiner Zeit. Der Berliner Max Unger machte um 1900 als „stärkster Mann der Welt" Karriere in den USA, wo er sich in Lionel Strongfort umbenannte. Er lieferte bei seinen Auftritten Sensationen, etwa den „Human Bridge Act", bei dem er sich von einem vollbesetzten Automobil (über zwei Tonnen) als lebende Brücke „überfahren" ließ. Parallel dazu propagierte er einen gesunden Lebensstil (er selbst war sein Leben lang Vegetarier) und verkaufte via Fernkurse Tipps zum täglichen Training und zur Ernährung. Was er wirkungsmächtig „Strongfortismus“ nannte, begleitet uns heute permanent und überall in Form von verschiedensten Diät-, Fitness- und Wohlfühlprogrammen. Strongfort übersiedelte nach seiner Amerika-Karriere 1936 nach Salzburg und erwarb das Schloss Emslieb an der Hellbrunner Allee. Nach dem Zweiten Weltkrieg gab es einige Zeit ein Strongfort-Institut in Hellbrunn.

An körperliche Höchstleistungen ganz anderer Art wird man in der südöstlichen Ecke der Gräbergruppe 24 erinnert, bei der Ruhestätte des Bergsteigers und Alpinschriftstellers Ludwig Purtscheller. 1877 kam Purtscheller nach Salzburg, der 28-Jährige arbeitete als Turnlehrer am Akademischen Gymnasium. Er war ein ausdauernder Bergsteiger, der in ganz Europa, vor allem aber in den Alpen „Bergfahrten“, teilweise Erstbesteigungen, unternahm und ausführlich darüber schrieb. 1889 nahm er an der Ostafrika-Expedition eines Leipziger Forschers teil, es gelang ihm die Erstbesteigung des Kilimandscharos (Kibo). Purtschellers Grab ist einem Felsgipfel nachempfunden – eine Grabgestaltung, die auf diesem Friedhof nicht selten zu sehen ist.

Gleich neben Purtschellers Grab findet sich das Familiengrab der Trakls. Die in das Salzburger Bürgertum aufgestiegene Immigranten- und Kaufmannsfamilie ist berühmt für das vierte von sechs in Salzburg geborenen Kindern, den Dichter Georg Trakl. Die Eltern Trakls liegen hier begraben, eine Tante, der Halbbruder und vier der Kinder, nicht aber der berühmteste und einflussreichste Salzburger Dichter. Als Trakl 1914 in einem Krakauer Garnisonsspital an einer Überdosis Kokain starb, wurde er vorerst in Krakau begraben. 1925 veranlasste sein Mäzen, der in Innsbruck lebende Schriftsteller und Verleger Ludwig von Ficker, die Überstellung der sterblichen Überreste Trakls auf den Friedhof Mühlau bei Innsbruck. Die große Leerstelle im Salzburger Trakl-Grab

Trakl'sches Familiengrab

wird mit einer Marmorplatte bezeichnet, die die Lebensdaten des Dichters, den Ort des Grabes und ein Gedichtfragment mit einer typischen Trakl'schen Todesmetapher enthält: „es kehret der Heimatlose / zurück zu den moosigen Wäldern".

Trakl war nicht zum Kriegshelden gemacht, das Erlebnis der Schlacht von Gródek zerrüttete ihn. Aber kommunale Friedhöfe sind stets auch Orte des „Heldengedenkens", die Gefallenen der beiden Weltkriege wurden durch die nationalen Gedenktraditionen zu „Helden" gemacht – und so bildet neben dem „Friedhofskreuz" das „Heldendenkmal" den Mittelpunkt des Friedhofs. Ein Stück entfernt davon, am östlichen Rand der Gruppe 48, befindet sich das kuriose Grab eines sogenannten Kriegshelden. Auffällige Grabbeilage ist ein Flugzeugpropeller mit der nur mehr schlecht lesbaren Aufschrift „Gut land". Hier ruht Frank Linke-Crawford, dem man den Beinamen „Falke von Feltre" gab. Der k.u.k. „Feldpilot" brachte es in einem Jahr, ab Sommer 1917, an der Isonzofront zu 29 „Luftsiegen" (nach einigen Quellen 27), ehe er im Juli 1918, 25-jährig, abgeschossen wurde. Die Anzahl seiner „Luftsiege" brachte ihm Rang

Grabmal des „Englischen Patienten"

vier unter den Piloten der k.u.k. Luftfahrtruppen ein – welch eigenartige, von Militaria-Sammlern weiter gepflegte Heldennarrative inmitten des völligen Wahnsinns der norditalienischen Menschenschlachten des Ersten Weltkriegs.

Eine ebenfalls eigenartige, aber ungleich berühmtere Lebens- und Heldengeschichte steht hinter einem nicht leicht aufzufindenden Grab eines weiteren Militärpiloten des Ersten Weltkriegs. Inmitten der Gruppe 75, gleich östlich des Krematoriums, liegt das Grab von Almásy László Ede – so steht es eingraviert. Ladislaus Eduard Almásy stammt aus dem (heute) burgenländischen (damals ungarischen) Bernstein, wo die Familie heute noch die Burg besitzt. Im Gegensatz zu Linke-Crawford überlebte er seinen Einsatz als Flieger im Weltkrieg und arbeitete danach für die Steyr Motorenwerke. Er testete die Wüstentauglichkeit von Flugzeugen und Autos. Bei einer seiner Sahara-Durchquerungen entdeckte er mit britischen Begleitern prähistorische Felszeichnungen (schwimmende Menschen). Im Zweiten Weltkrieg wurde er ab 1940 von der Deutschen Wehrmacht in Nordafrika aufgrund seiner ausgezeichneten Ortskenntnisse für Infiltration der britischen Gebiete und Transporte eingesetzt. Nach 1945 war er in Ungarn in sowjetischer Gefangenschaft, er konnte aber schließlich ausreisen und sollte in Ägypten die Leitung eines neu gegründeten Wüstenforschungsinstitutes übernehmen. Bevor es dazu kam, starb er 1951 bei einem Besuch in Salzburg an der Ruhr.

Almásy hatte 1935 ein Buch über seine Fahrten, Flüge und Entdeckungen auf Ungarisch publiziert (1939 auf Deutsch, *Unbekannte Sahara*). Auf dieser Grundlage veröffentlichte der kanadische Schriftsteller Michael Ondaatje 1992 seinen Roman *The English Patient*, der sehr frei mit Almásys Biografie umging. Der Roman wiederum wurde zum Anlass für den Welterfolg der gleichnamigen Verfilmung mit Ralph Fiennes und Juliette Binoche in den Hauptrollen. Der Film gewann 1997 neun Oscars.

Almásy war ungarischer Staatsbürger – und das Grab ist fest in ungarischer Hand. 1995 wurde ein neuer Grabstein von einem ungarischen Fliegerverband gestiftet. Bei meinem Besuch ist der Grabstein mit einer rot-weiß-grünen Banderole umwickelt, die Gebinde, Blumenstöcke und Kastanienketten sind alle mit den ungarischen Nationalfarben versehen. Auch die Inschrift ist rein ungarisch und reduziert sein Leben auf die Stationen Pilot, Sahara und Entdecker der Oase Zarzura. Letzteres ist allerdings nicht belegt. Almásy schreibt zwar von seiner Suche nach der legendären Oase, aber es dürfte sich eben weniger um einen realen Ort handeln denn um einen Sammelbegriff für Legenden von verschwundenen Oasen.

Die Flamme

Mit der Entdeckung des Almásy-Grabes sind wir bereits an den Rand des Kommunalfriedhofs geraten. Hierher, etwas abgelegen, baute man 1930/31 das Krematorium, kurz bevor die Firma liquidiert werden musste. Der architektonisch anspruchsvolle Bau stammt von Eduard Wiedenmann, Ausführender war Karl Ceconi, der Enkel der Baumeister-Dynastie. Von ihm stammen auch die Entwürfe für das Neue Leichenhaus und das Kriegerdenkmal (und er plante die Bühne der ersten Festspiel-*Jedermann*-Aufführung 1920). Der stufenförmige Aufbau mit der großen ebenerdigen Glasfront vermittelt Leichtigkeit und Klarheit. Der Architekturkritiker Friedrich Achleitner spricht davon, dass hier Form und Detail Ernst suggerierten, „die parkartige Umgebung [...] jedoch eine pavillonartige Wirkung" steigere. (Achleitner 1980, 256) Die katholische Kirche hatte gegen die Errichtung des Krematoriums „feierlichen Protest" erhoben, erst ab 1963 erlaubte die Kirche die Feuerbestattung. Bauträger war der Arbeiterfeuerbestattungsverein „Die Flamme". Auch meine Oma wählte die Einäscherung – ihre Urne befindet sich im Grab ihrer Mutter Marie Biebl unweit von Ladislaus Almásy und dem Krematorium.

Krematorium

Im Südosten des Friedhofs liegen auch die Soldatengräber des Zweiten Weltkriegs und die Denkmäler der verschiedenen „Erinnerungsgruppen". 1957 wurde das „Niederländische Ehrenfeld" eingeweiht, auf dem die in Österreich gestorbenen holländischen Zwangsarbeiter und einige in Mauthausen umgekommene oder ermordete Holländer beigesetzt wurden. Andere Denkmäler sind den Sudetendeutschen und den Donauschwaben gewidmet oder den Opfern der alliierten Bombenangriffe. Auf diesem Denkmal werden die Umstände ganz konkret benannt: „In der Zeit vom 16. Oktober 1944 bis 1. Mai 1945 warfen tausend Flugzeuge 7566 Bomben auf die Stadt Salzburg und vernichteten 710 Menschenleben. 197 ruhen an dieser Stätte." Bei einem weiteren Denkmal, das sich den Opfern des nationalsozialistischen Regimes widmet und das – stilistisch betrachtet – ebenfalls den 1950er-Jahren entstammen dürfte, bleibt die Diktion ganz allgemein, es werden keine Zahlen genannt und nicht die Art des Opfertums, ob damit etwa (auch) der Widerstand gegen die nationalsozialistische Diktatur gemeint ist: „Dem Gedenken der Opfer für Freiheit und Menschenwürde."

Hier, zwischen diesen Nachkriegsdenkmälern, wird mir wieder einmal klar, dass es in Österreich, vor allem in Salzburg, keine noch so kleine Tradition des offiziellen Gedenkens an den Widerstand gibt, nirgendwo eine Piazza della Resistenza. Wie denn auch? Erst in unserem Jahrhundert (2009) wurden die „Opfer der Verfolgung durch die Wehrmachtsgerichte", die Deserteure, gesetzlich rehabilitiert. Und was „draußen" im öffentlichen Raum über die Jahrzehnte nicht möglich war, war innerhalb der Friedhofsmauern, in diesem sensiblen Bereich, noch schwieriger. Mit solchen trüben Gedanken im Kopf streife ich an uniformen, kleinen schwarzen Soldatengräbern vorbei und stocke: Die Sterbedaten der Soldaten liegen in dieser Gruppe sämtlich nach dem Kriegsende, im Juni und Juli 1945, darunter ein „SS-Sturmführer", ein „Volkssturm, 59 Jahre" oder ein „SS-Hauptsturmführer". Warum beließ man ihnen auch nach der Befreiung die Nazi-Dienstgrade? Starben sie an Kriegsfolgen, an Krankheiten?

Ausklang in der Hölle

Ich beschließe, diese Fragen offenzulassen und die „Kriegsgegend" des Friedhofs zu verlassen. Gleich in der Nähe kann ich auf andere Gedanken kommen: Mitten auf einer eingefriedeten Wiese, die den Blick auf den Untersberg freigibt, steht die Statue eines sitzenden, halb nackten Engels, sie zeigt das anonyme Urnenfeld an. Zwei Bänke laden zum Verweilen ein. Der Friedhofsführer klärt mich darüber auf, dass hier der Maler Werner Berg begraben wurde. Der expressionistisch beeinflusste Berg lebte als Bauer mit seiner Familie im Kärntner Rosental, hielt aber Kontakt zur europäischen Kunstwelt, war etwa kurzfristig mit Emil Nolde befreundet; mit der Dichterin Christine Lavant hatte er eine kurze Liaison. Und mit dem Gestalter des Otto-Müller-Grabmals am anderen Ende des Friedhofs, Alexander Silveri, hatte er über den „Bund Neuland" Verbindung. Es war sein ausdrücklicher Wunsch, in Salzburg auf diesem Friedhof der Namenlosen begraben zu sein.

Beim Rückweg passiere ich das Grabmal für stillgeborene Kinder (Gruppe 65). Das Denkmal ist mit privaten Erinnerungsstücken, mit Gipsengerln, einem Plastiklastauto, Laternen oder Steinen mit draufgeschriebenen Namen vollgestellt. Eine ergreifende Szenerie und Installation, die durch das Improvisierte, das Bunte, die Anhäufung von Nippes und Andenken aus der Strenge der Gräberreihen herausfällt. Auch ein anderes Grab hält sich nicht an die Konvention zurückhaltender Marmor- und Steingestaltung: Es ist kitschig, üppig mit Plastikblumen, Engeln, Andenken und Spielzeug ausstaffiert, das Deutsch am Grabstein ist fehlerhaft – aber all das zählt nicht, man ahnt den Schmerz der Eltern über den Verlust ihres Kindes.

Mit vollem Kopf, schwerem Herzen und leerem Magen beschließe ich, eines der nächstgelegenen Gasthäuser aufzusuchen. Man hat zwei Möglichkeiten: im Osten des Friedhofs, bei der Aussegnungshalle, das „Buberlgut", ein Restaurant der gehobenen Qualitäts- und Preisklasse; im Westen, beim ersten Seiteneingang, der Gasthof Hölle. Da bei Letzterem das süffige Bier des Augustinerklosters in Mülln vom Fass ausgeschenkt wird, gibt es für mich zwischen den beiden Labstätten ohnehin nichts zu entscheiden. Der Name verdankt sich nicht etwa einem Wirt, der die Friedhofsnähe für einen *private joke* nützte, sondern stammt aus der Zeit vor der Entstehung des Kommunalfriedhofs. In der Nähe befand sich nämlich die alte Richtstätte (Spaziergang 5) – und weil Hinrichtungen stets als öffentliches Ereignis inszeniert wurden, bedurfte es eines Wirtshauses, des Galgenwirts. Der ursprüngliche Galgenwirt musste dem großen Entree des neuen kommunalen Friedhofs weichen und fand unter neuem Namen, der die Geschichte des Ortes noch mitträgt, seinen heutigen Platz.

Das Wirtshaus ist stets gut besucht, gerade mittags herrscht mit Geschäftsleuten aus der Umgebung reger Betrieb. Es gibt einen schönen Gastgarten, serviert wird gehobene Hausmannskost Wiener Einschlags. Das Personal serviert in Lederhose und Dirndl, solche Entgleisungen sind seit einiger Zeit vielerorts Normalität. Aber habe ich schon erwähnt, dass es Augustinerbräu vom Fass gibt?

Tipps

Kommunalfriedhof
Gneiser Straße 8, 5024 Salzburg
Tel. +43 (0)662 820 345
Öffnungszeiten: März 7–19 Uhr, April bis Sept. 7–21 Uhr, Oktober 7–19 Uhr, November bis Februar 8–17 Uhr
Friedhofsverwaltung: Mo 8–12 und 14–16.30 Uhr,
Di und Do 8–12 und 14–16 Uhr, Mi und Fr 8–12 Uhr

Lageplan:
www.stadt-salzburg.at/pdf/kommunalfriedhof__lageplan.pdf

Gasthof Hölle
Dr.-Adolf-Altmann-Straße 2, 5020 Salzburg
Tel. +43 (0)662 8207600
Öffnungszeiten: täglich 8–23 Uhr
www.hoelle.at

Ruhe und Verschmitztheit

Almkanalwanderung

1	*Kraftwerk Janz I, Grödig*	4	*Eichet*
2	*Fußballstadion Grödig*	5	*Birkensiedlung*
3	*Kraftwerk Eichetmühle*	6	*Surfwelle*

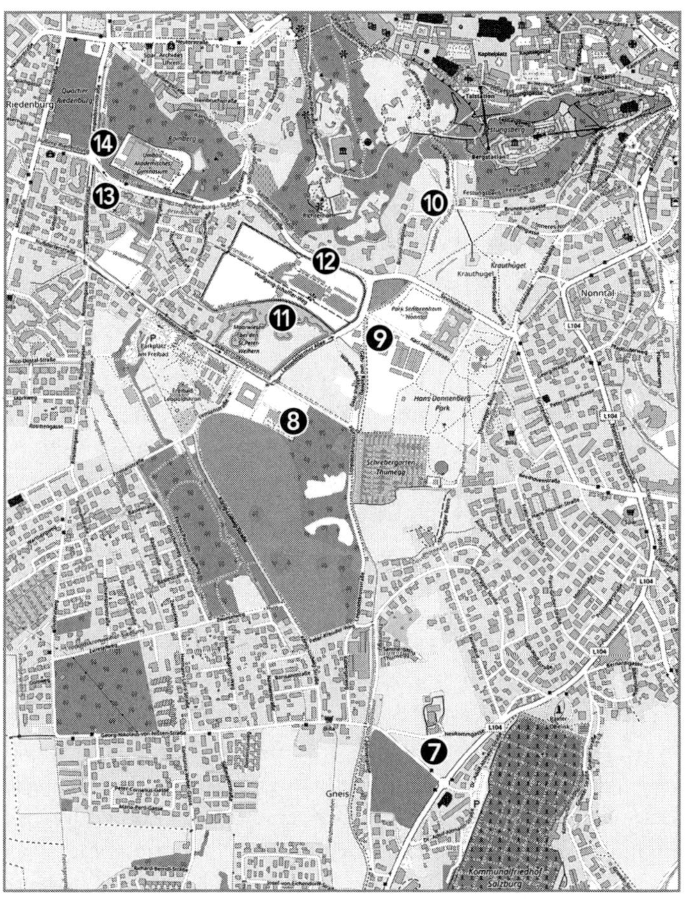

7 Scharfrichterhaus
8 Schloss Leopoldskron
9 Kraftwerk Pulvermühle
10 Stiftsarm
11 Sinnhubarm
12 St.-Peter-Weiher
13 Abzweigung Neutorarm
14 Donnas Thai Imbiss

Den Almkanal erzählen

Begibt man sich an die Peripherien Salzburgs, ist kein besserer Wegbereiter und Wegbegleiter als die Literatur Peter Handkes denkbar. Handke lebte von 1979 bis 1986 in Salzburg, um seiner Tochter den Besuch eines Gymnasiums in Österreich zu ermöglichen. Er wohnte im Haus eines Freundes am Mönchsberg, dort erschrieb er sich eine „Art poetische Topografie der Stadt Salzburg und ihrer Umgebung" (Katharina Pektor). Im ersten in Salzburg entstandenen Buch, *Die Lehre der Sainte-Victoire* (1980), setzte er dem Morzger Wald ein Denkmal, im *Nachmittag eines Schriftstellers* (1987) tariert der Erzähler die Spannung zwischen seinen Gängen in die belebte Stadt und dem Schreibrefugium am Berg aus. Handke war während seiner Salzburger Jahre ein beständiger Wanderer, er erschloss sich die Stadt und ihre Peripherie angeblich durch tägliches Gehen an den Nachmittagen.

1982 schrieb Handke eine „Salzburg-Geschichte", wie er sie zuerst in seinen Journalnotizen nannte. Die Erzählung *Der Chinese des Schmerzes* (1983) stellt einen Ich-Erzähler namens Andreas Loser in den Mittelpunkt, einen Sprachlehrer und Gelegenheitsarchäologen, der in einer kleinen Siedlung „an der südlichen Peripherie" der Stadt lebt. Dieser Loser ist eigentlich ein stiller Wanderer, ein Beobachtender, der aber, wie aus dem Nichts, eines Tages einen „Hakenkreuzschmierer" am Mönchsberg erschlägt. Aber für Handke sind nach Eigenaussagen nie die Geschichten Ausgangspunkt des Schreibens, sondern Orte. Und im *Chinese des Schmerzes* ist der Almkanal die zentrale Topografie. Der Autor beschreibt den Kanal, die Wege seines Protagonisten entlang des Kanals so genau, „dass man ihm sogar unterstellte, mit der Landkarte in einer Hand geschrieben zu haben". (Pektor) Für Handke geht es allerdings darum, einen Ort nicht zu *beschreiben*, sondern zu *erzählen*. Das Buch schließt denn auch mit einem Epilog, der nur vom Almkanal handelt, ihn episch betrachtet, ihn erzählt: „Dem mittelalterlichen Kanal entströmen nun [...] Ruhe, Verschmitztheit, Verschwiegenheit, Feierlichkeit, Langsamkeit und Geduld." (Handke 1983, 255)

Man könnte sich also diesen Spaziergang sparen und stattdessen Handkes Buch lesen, das wäre nur konsequent, und man erführe vieles über dieses kulturgeschichtlich so spannende Bauwerk. Aber am besten hält man es mit dem Autor selbst und wählt beides: Literatur und Betrachtung vor Ort. Über die Art der Fortbewegung besteht allerdings kein Zweifel: Auch wenn sich der Ausflug gut in beide Richtungen mit dem Fahrrad bewerkstelligen lässt, empfiehlt sich hier eindeutig die Fortbewegungsart der Dichter: das beobachtende Gehen. Und es empfiehlt sich, wie Handkes Protagonist die Richtung von der Peripherie ins Zentrum zu wählen. Man kann dabei die Birkensiedlung, Wohnort von Andreas Loser (im Buch heißt sie „Eichensiedlung"), als Ausgangspunkt wählen und mit der O-Bus-Linie 5 anreisen. „Zwischen der Obuskehre und der Siedlung fließt der aus dem Hochmittelalter stammende Kanal, der von der Königssee-Ache und einem Bach des Untersbergs gespeist wird: der Almkanal, oder ‚die Alm'." (Handke 1983, 8)

Aber als Ausgangspunkt besser geeignet ist Grödig, da bekommt der Kanalwanderer mehr von der Kultur- und

Technikgeschichte des Bauwerks mit. Heute endet der O-Bus bei der Birkensiedlung, ab Herbst 2018 soll er nach Grödig verlängert werden – eine der dringend notwendigen Maßnahmen, um der Verkehrsmisere im durch Pendler- und Urlauberverkehr geplagten Salzburg Herr zu werden. Ab 1909 gab es eine durchgehende Bahnlinie vom Zentrum bis zur Grenze zu Bayern, also bis zum „Hangenden Steig", wo der Almkanal aus der Königsseeache gespeist wird. An der Grenze war jedoch nicht Schluss, es bestand eine Bahnlinie nach Berchtesgaden. Die Linie zwischen Salzburg und Berchtesgaden war als Gemeinschaftsbetrieb angelegt, sowohl die „Rote Elektrische" als auch die Waggons der Königlich Bayerischen Staatseisenbahnen verkehrten durchgehend (bis 1938, bis 1953 bestand die Linie zwischen Salzburg und St. Leonhard). Dieser Zustand ist schwerlich wiederherstellbar.

Wir nehmen jedenfalls den Autobus Nr. 25, der tagsüber alle zwanzig Minuten vom Hauptbahnhof über Hellbrunn und Anif nach Grödig fährt. In Grödig angekommen mag die zurückzulegende Strecke sehr weit wirken: Aber vom Fuße des Untersbergs bis zum Mönchsberg sind es nicht mehr als knapp acht Kilometer, also eine Strecke, die in zwei Stunden gemütlich zu bewältigen ist. Hinzu kommt, dass es am Weg mehrere Möglichkeiten der Stärkung und kulinarischen Rast gibt – allerdings nicht mehr die „Kanalstube" aus dem *Chinese des Schmerzes,* das „Café Almstube" in Gneis bestand nur bis in die 1990er-Jahre.

Wasserzank – die Geschichte des Almkanals

Wie die Website der „Wasserwerksgenossenschaft Almhauptkanal“ stolz titelt, handelt es sich beim Almkanal um das „älteste Wasser- und Energieversorgungssystem Mitteleuropas“. (www.almkanal.at) Es gab wahrscheinlich mehrere Gründe für seine Errichtung: So war für die Gärten und Felder in der Stadt zu wenig Wasser vorhanden, und die Mühlen in Mülln hatten keine verlässliche, gleichmäßige Wasserversorgung. Der Löschwassermangel beim Stadtbrand im Jahre 1127 dürfte ein Auslöser gewesen sein, das Projekt entscheidend voranzutreiben. Unter Erzbischof Konrad I. wurde der Plan eines Stollens durch den Mönchsberg ausgearbeitet. Schließlich betrieben die beiden Großgrundbesitzer in der Stadt, das Domkapitel und das Stift St. Peter, den Baubeginn, 1136 ging es los. Nach einem Bergsturz stieg das Stift allerdings aus, das Domkapitel blieb alleiniger Bauherr.

Der Stiftstollen überwindet eine Luftlinie von 260 Metern, aufgrund der durch die geologischen Verhältnisse bedingten Umwege benötigte man dafür allerdings rund 400 Meter. 1143 erfolgte der Stollendurchschlag, das Wasser wurde vom Leopoldskroner Moor abgeleitet. Als das Wasser endlich floss, gingen die Streitereien los: Die Domherren wollten dem abtrünnigen St. Peter nicht mehr als das ursprünglich zugesicherte Wasser für ihre Waschhütte überlassen. Das reichte dem Stift nicht, der Streit eskalierte, die Mönche zerstörten, gar nicht christlich, „einen Großteil der Anlage". (Peter 1984, 7) Der kleine Wasserkrieg endete mit einer vertraglichen Regelung über Unterhalt, Wasser- und Arbeitsaufteilung.

Durch die dauernde Wasserentnahme wurde das Leopoldskroner Moor zusehends ausgetrocknet, man musste sich nach einer neuen Wasserquelle umschauen, der (von Handke erwähnte) Rosittenbach vom Untersberg war mit seinen Überschwemmungen im Frühjahr und bei Gewittern sowie dem niedrigen Wasserstand in Herbst und Winter unzuverlässig. So verfiel man auf die Königsseeache, 1286 erfolgte der Durchstich nach St. Leonhard. Zu dieser Zeit war der Almkanal eine private Einrichtung des Domkapitels und St. Peters. Die Bürger hatten nur im Brandfall ein Nutzungsrecht, erst 1335 erfolgte die Erlaubnis der Wasserentnahme durch Erzbischof Friedrich III. Doch das war der Bürgerschaft auf Dauer zu wenig. Daher entstand der Plan eines zweiten Mönchsbergdurchstichs.

An der schmalsten Stelle des Mönchsbergs, beim späteren Neutor, wurde ein zweiter Stollen durch den Berg gegraben, der vom Müllnerarm abzweigte. Beim Bürgerspital, das er versorgte, endet der Stollen. Mit der Bürgerschaft gab es nun einen weiteren *player* in diesem komplexen Wasserversorgungssystem, Wasserbezug und Unterhaltskosten waren über die Jahrhunderte Quell beständigen Zanks. Die Bürger leisteten keinen Beitrag zu den Unterhaltskosten, man verlegte sich auf die Position, nur das „Überwasser" des Stiftarms zu beziehen, und dieses sei als „Gnadenwasser" kostenlos. In diesem System war jeder auf seinen Vorteil bedacht, die Stadtgemeinde ihrerseits nahm bei ihrem Wasserbezug keine Rücksicht auf die „nachgeordneten" Gewerbebetriebe am Müllnerarm.

Eine gemeinschaftliche Lösung war vorerst nicht zu erreichen, da St. Peter und Domkapitel ihre Vormachtstellung nicht aufgeben wollten. Erst als Mitte des 16. Jahrhunderts der Erzbischof dritter Eigner des Almkanals wurde, scheint sich die Gemengelage der unterschiedlichen Interessen etwas beruhigt zu haben. Der Erzbischof ließ in Leopoldskron ausgedehnte Teichanlagen zur Befischung errichten und bezahlte nun ein Drittel der Erhaltungskosten. Immer wieder wurden kleine Zu- und Abflüsse gebaut, aber „seit Ende des 18. Jahrhunderts ist die Entwicklung des Almkanalsystems bezüglich der Linienführung abgeschlossen“. (Peter 1984, 10)

Nach dem Ende des Erzbistums 1803 gingen die Anteile von Domkapitel und Erzbischof an den Staat (also zuerst an das Kurfürstentum Salzburg), St. Peter verzichtete 1869 gegen immerwährendes Wasserbezugsrecht auf seinen Besitzanteil. Bis 1937 betrieb der Staat das Kanalsystem, danach wurde im „Bundesgesetz über den Salzburger Almkanal“ das heute noch gültige Genossenschaftssystem samt eines penibel aufgelisteten Wasserverteilungsschlüssels geschaffen. Eine Wasserwerksgenossenschaft ist für den „Almhauptkanal“, eine weitere für Stifts- und Nonntalarm zuständig, die Stadtgemeinde hat für den Neutorarm – von Anfang an der Versorgungsarm für die Bürger – zu sorgen. Die übergeordnete Leitung hat ein „Almmeister“ inne.

Die 46 Meter Gefälle zwischen der Einleitung an der bayerischen Grenze und der Einmündung der verschiedenen Arme in die Salzach waren über die Jahrhunderte ein wichtiger Motor des lokalen Gewerbes. Es wird geschätzt, dass der Almkanal im 19. Jahrhundert bis zu 120 Mühlräder antrieb, daneben lieferte er Energie und Wasser für Sägen, Walken, Schleifereien, Polier- und Hammerwerke, Schmieden, Leder-, Pulver- und Feigenkaffeefabriken, Gewürz- und Lehmstampfe sowie Brauereien. Darüber hinaus nutzte man nach der Eröffnung des Neutorarms das Wasser der Alm zum Reinigen der Straßen. Die Getreidegasse etwa wurde jeweils samstags geflutet, um so den Dreck wegzuschwemmen.

Im 20. Jahrhundert verfiel das Kanalsystem zusehends. Eine Generalsanierung rettete 1979 in letzter Sekunde das Kulturdenkmal vor der drohenden Demontage bzw. Zuschüttung. Nach knapp 900 Jahren funktioniert das Almkanalsystem heute nach wie vor einwandfrei. Der Wasserhaushalt mehrerer Teiche wird damit reguliert, Notstromaggregate und Kühlungen (etwa des Festspielhauses) werden ebenso wie 17 Kleinkraftwerke mit Almwasser betrieben. Der Besucher der Altstadt kann Arme des Almkanals an mehreren Stellen sehen, etwa am Universitätsplatz. In der Talstation der Festungsbahn kann man den Austritt des Stiftsarmes besichtigen, im Hof der Stiftsbäckerei St. Peter (Zutritt vom Kapitelplatz) befindet sich seit 2006 ein Wasserrad, das die Schaumühle der Bäckerei mit Almkanalwasser antreibt. Am spektakulärsten ist natürlich die alljährliche „Almabkehr“ im September, bei der die Kanäle zur Reinigung und Wartung trockengelegt werden und während der man den mittelalterlichen Stiftsstollen begehen kann. Diese Touren sind sehr beliebt, nicht zuletzt bei Schulklassen, rechtzeitige Reservierung ist notwendig.

Kraftwerkgemeinde Grödig (samt Fußballexkurs)

Es wäre nicht sonderlich attraktiv, den Almkanal auf seinen ersten drei Fließkilometern zu begleiten, man müsste neben der verkehrsreichen Straße nach Berchtesgaden entlanggehen. So empfiehlt es sich, die Almkanalwanderung nicht beim Einlasswerk in der Königsseeache beim „Hangenden Stein“ zu beginnen, sondern im Ortszentrum von Grödig. Gegenüber dem Gemeindeamt, dem Chinarestaurant „angeschlossen“, befindet sich das erste von zahlreichen Wasserkraftwerken, die wir im Laufe der zweistündigen Wanderung sehen werden. Den Weg der Alm entlang folgt beim Gangsteig gleich das nächste (Kraftwerk Kinz), bei der Querung der Schützenstraße über den Kanal ein weiteres (Kraftwerk Janz II).

Aber der Almkanal dient in Grödig wegen seines Gefälles nicht nur zur Stromerzeugung, sein Wasser trägt auch zum Kühlsystem einer Schokoladefabrik bei. (In Grödig befand sich früher Österreichs größte Mozartkugelproduktion, heute erzeugt „Salzburg Schokolade“ vornehmlich Halbfertigprodukte für die Weiterverarbeitung in Konditoreien, aber für Naschkatzen gibt es auch einen Fabrikverkauf der Confisérien.) Der Ort Grödig ist eine etwas herbe Schönheit im Banne des

Teamtorhüter Robert Almer beim Sommerkick in Grödig, 2015

Untersbergs, das Zentrum leidet unter starkem Durchzugsverkehr. Das ist vor allem bedingt durch die vielen Gewerbebetriebe, die sich hier angesiedelt haben. In Grödig wird etwa die Bettwäsche der Tourismusbetriebe aus halb Salzburg gewaschen.

Wir lassen die Grödiger Attraktionen beiseite, passieren den Racklwirt und unterqueren die Tauernautobahn. Nach der Unterführung taucht rechts in einiger Entfernung das Grödiger Fußballstadion auf. Ich muss an meinen Stadionbesuch im Sommer 2015 denken – eine spontane „Schnapsidee“: Wer geht schon an einem Augustsamstag bei schönstem Wetter zu einem Fußballspiel? Der SV Grödig spielte gegen die Austria Wien. Der Ausflug des SV Grödig – des Fußballclubs einer 7000-Einwohner-Gemeinde – in die höchste Spielklasse war eine jener Ausnahmen, eine jener Konstellationen Klein gegen Groß, die den Fußball unberechenbar und spannend halten. Grödig wurde in seiner ersten Bundesligasaison 2013/14 erstaunlicherweise Dritter und durfte in die Europa-League-Qualifikation (schied aber in der dritten Runde der Qualifikation aus), nach der Saison 2015/16 erfolgte der Abstieg.

Das Spiel ging 2:2 aus, nach der Zwei-Tore-Führung Grödigs schaffte die Austria, deren Anhang denjenigen der Gastgeber im schütter besetzten Stadion zahlenmäßig übertraf, den Ausgleich. Die Erinnerung an diesen typischen Sommerkick begleitet mich während des Weiterwegs auf dem Eichetmühlweg, und die Erinnerungen schweifen weiter in meine Salzburger Fußballvergangenheit. Wie jeder fußballinteressierte Salzburger war ich Anhänger von Austria Salzburg und erlebte die Höhepunkte der Klubgeschichte mit. (Die Tore des 35-jährigen Hans Krankl 1988 zum Wiederaufstieg in die Bundesliga! Die drei Meisterschaften der 1990er-Jahre! Der Aufstieg ins UEFA-Cup-Finale 1994! Das alte Lehener Stadion mitten in der Stadt!) Als 2005 die Austria von Red Bull übernommen wurde, verabschiedete ich mich vom Retortenklub, der keinen Wert auf die Geschichte legte, und wechselte, längst in Wien lebend, die Fahnen, behielt das Violett der Klubfarben und den Namensteil „Austria" allerdings bei.

Aber an Red Bull kommt man in Österreich ohnehin nicht vorbei, schon gar nicht in Salzburg. Beim damaligen Spiel in Grödig schoss der Brasilianer Lucas Venuto das zweite Tor für Grödig – der schnelle Flügelflitzer wechselte im Jahr darauf zur Wiener Austria, sein Weggang beschleunigte, so die Kommentatoren, den Abstieg des SV Grödig. Und wie war Venuto nach Salzburg gekommen? Über das brasilianische Scouting-Projekt von Red Bull, den Club Red Bull Brazil.

Nachdem der Weg wieder an die Gestade der Alm zurückkehrt, löse ich mich von diesem sentimentalen Ausflug in Salzburgs Fußballvergangenheit, es gilt das älteste Flusskraftwerk im Land Salzburg zu besichtigen. Das Gebäude stammt aus dem Jahr 1899, die technische Anlage samt Turbine arbeitet noch im Originalzustand (Baujahr 1908). Für Interessierte lohnt sich ein Besuch am Donnerstagnachmittag, da kann man sich das Innere des Kraftwerks anschauen. Der

Kraftwerk Eichetmühle

elektrische Strom diente bis 1953 dem Betrieb der „roten Elektrischen", der Lokalbahn vom Hauptbahnhof nach Grödig und an die bayerische Grenze.

Der Eichetmühlweg führt uns, die Hauptstraße überquerend, in den Grödiger Ortsteil Eichet. Sollte sich hier bereits der Bedarf an Labung ergeben, kann man entweder für eine schnelle Jause zum Kramer gehen oder man sucht einen der beiden Ausflugsgasthöfe am Weg auf: „Mostwastl" oder „Pflegerbrückenwirt". Offensichtlich gibt es vor den Toren der Stadt genug Walker, Spaziergänger, Radausflügler, Skitourengeher vom Untersberg, Besucher von Familienfeiern oder Einkäufer der Eicheter Lagerhaus-Filiale, sodass die beiden Großgasthöfe trotz ihrer Nähe zueinander gedeihen können.

Wellenreiter und Käfer

Erst zu Beginn der schönen Strecke entlang des Eichetwaldes durchfließt die Alm die Grenze zum Salzburger Stadtgebiet. Im Eichetwald mündet ein Bach vom Untersberg in den Kanal (Rosittenbach). Bis zur Errichtung des Zuflusses von der Königsseeache war er die wichtigste Wasserquelle. Allerdings war (und ist) die beträchtlich schwankende

Almkanalsurfer

Wasserzufuhr – wenig Wasser im Herbst und Winter, Hochwasser nach Gewittern – eine Herausforderung, der man früher durch Ableitung der Hochwässer in die Moorwiesen begegnete, heute durch eine computergesteuerte Wasserzufuhrkontrolle. Die Schwankungen des Rosittenbachs werden durch die Schleuse am Hangenden Stein ausgeglichen.

Am Ende des Eichetwaldes erreicht der Almkanal die Birkensiedlung, man betritt „Handke-Land“: Die „Telefonzelle an der Schwelle zur Siedlung“ (Handke 1983, 8) bei der O-Bus-Endstation ist auch 35 Jahre später noch vorhanden. Von nun an begleiten meist sogenannte Kopfweiden den Verlauf des Kanals, im Frühjahr oft radikal beschnittene Torsi, im Sommer üppige Büsche. Durch den beständigen Beschnitt (alle drei bis fünf Jahre) verdickt sich das obere Ende des Stammes und bildet den charakteristischen „Kopf“ aus. Früher stellte man aus Weidenruten Körbe und Zäune her, sie dienten auch als Viehfutter, Bau- und Brennmaterial. Heute gelten die rund 500 Kopfweiden des Almkanals vor allem als Naturraum als erhaltenswert. Die Koleopterologen verweisen darauf, dass in den Weiden sieben Käferarten ihr alleiniges Vorkommen im Bundesland haben, darunter der größte Käfer Salzburgs, der bis zu vier Zentimeter lange Eremit.

Dort, wo früher eine Schleuse bei Hochwasser den Kanal absperren konnte und das Wasser in Auffangteiche lief, errichtete die Stadtgemeinde 2011 eine künstliche Surfwelle. Die „stehende Welle“ nach Vorbild der Münchner Eisbachwelle wird an Wochenenden viel frequentiert, die Surfer müssen sich anstellen, es kann immer nur einer auf die Welle. Sympathisch bleibt, dass diese Frequenz hier im Naturschutzgebiet von keinerlei Gastronomie oder sonstigen Dienstleistungen ausgenutzt werden darf. Bald nach der Surfwelle macht sich die nahende Stadt mit der ersten Stadtrandsiedlung, die bis an den Kanal heranreicht, bemerkbar. Die Bebauung ist noch nicht sehr dicht, dazwischen liegen immer wieder freie

Felder. Hier wurden die Einfamilienhaus-mit-Garten-Träume Wirklichkeit. Und zu des Österreichers Traumhaus gehört die Thujenhecke. Diese übel riechende Landplage beginnt das Auge des Kanalwanderers zu schmerzen, spätestens ab der Praxmayermühle in Gneis wird auch die Bebauung dichter und das Bedürfnis nach Blickabwehr offensichtlich vehementer. In die Praxmayermühle selber sind heute Wohnungen eingebaut, bis immerhin 2002 war sie als letzte Almkanalmühle in Betrieb.

Interessanterweise haben nur wenige Anwohner der Alm die Lage am Wasser in ihr Gartenkonzept integriert, nur in einem einzigen Garten sehe ich eine kleine Holzterrasse direkt am Wasser mit einer Ausstiegsleiter – das Baden im Kanal dürfte wohl kein großes Bedürfnis oder wegen der beschränkten Bewegungsfreiheit kein großes Vergnügen sein. Die Bade-Möblage am Kanal offenbart die Spezifik und Schönheit der Almkanalwanderung: Man findet hier keine „typischen" Salzburg-Ansichten, der Blick auf Festung und Gaisberg ist durch die Bebauung und die Weiden verstellt, den Untersberg hat man im Rücken. Das sind für Salzburg-Besucher, aber auch für Salzburg-Kenner erfrischende, erholsam andere Salzburg-Blicke. Ein besonders schöner Abschnitt folgt nach der Josef-von-Eichendorff-Straße: links nur Wiesen, der Weg nur für Fußgänger, Radfahrer müssen auf die Santnergasse ausweichen, zur Rechten eine kurze Passage ohne blickdichte Hecken und Zäune. Man bekommt Einblicke in die Hinterhöfe der sehr nahe am Kanal stehenden Häuser, in den Alltag der Bewohner: die zum Trocknen aufgehängte Wäsche, die Signalanlage, die sich ein Eisenbahnfan in den kleinen Garten montiert hat, die selbstgebauten Werkzeug- und Hobbyhütten. Sollte den Almkanalwanderer hier der Hunger ereilen, kann er bei der Eichendorff-Straße einen Abstecher zum kroatischen Restaurant „Eigenherr" machen und im Kastaniengastgarten mit Krautwicklern oder Ćevapčići das „Unsalzburgerische" genießen.

Das echte Henkerhaus

Ab der Querung der Georg-Nikolaus-von-Nissen-Straße ist die Aussicht dann wieder „typisch Salzburg“: Die Festung kommt in den Blick. Zur Rechten sieht man ein freies, landwirtschaftlich genutztes Feld mit einem alten Bauernhof darin. Das ist kein „herkömmlicher“ Bauernhof, vielmehr das ehemalige Scharfrichterhaus. Im Gegensatz zu dem manchmal fälschlicherweise wegen seiner Einzellage südlich des Festungsbergs als „Henkerhäuschen“ bezeichnete Krautwächterhäusel in Nonntal (s. Kap. 1) handelt es sich hier um das „echte“ Henkerhaus.

Ein Blick in die Geschichte des Gebäudes wirft kein gutes Licht auf die Rechtspflege des bis 1803 unabhängigen „Gottesstaates“ Salzburg. In diesem Belang war man rückständig, weit von aufklärerischen Grundsätzen entfernt. Im 17. Jahrhundert hatte Erzbischof Wolf Dietrich die Richtstätte von der frequentierten Linzerstraße hierher in das Moor abseits der Berchtesgadenerstraße, und damit weiter weg von der Stadt, verlegt. Da der letzte Scharfrichter Salzburgs, Franz Joseph Wohlmuth (1739–1823), ein „Executions-Einschreib-Buch“ – das einzige erhaltene seiner Art in Österreich – führte, wissen wir einiges über den Berufsalltag eines Salzburger Henkers.

Die Scharfrichter, auch „Freimänner“ genannt, waren einerseits unersetzlich für das Funktionieren des Rechtssystems, andererseits galt ihre Tätigkeit als „unehrlich“. Sie waren sozial nicht anerkannt, sie legten sich eine eigene Standesehre zu. Sie verfügten über Grundbesitz und die Bürgerrechte, verschafften sich Wappen und Siegel, ließen sich Porträts anfertigen und bildeten, sozial abgeschlossen, wahre „Henkerdynastien“. Und in Salzburg hatten sie länger als anderswo zu tun, die Folter wurde hier später als in aufgeklärten Staaten abgeschafft. Das Erzbistum war im 18. Jahrhundert „nicht in der Lage, aus eigenem die Schwelle zur Periode der durchbrechenden modernen Kriminalpolitik zu überschreiten“. (Putzer 1986, 123)

Wohlmuth, der mit dem „Meisterstück“ einer Enthauptung in Bayern seine Lehrzeit 1757 abschloss, wurde 1761 fest angestellter Scharfrichter. 1790 nahm er seinen Wohnsitz im „Henkerhaus“. Seine letzte Exekution nahm er als 79-Jähriger 1817 vor. Sein Tagebuch führt die bis zur Abschaffung der Folter 1801 durchgeführten „peinlichen Befragungen“ genau aus, auch die Zusatzstrafen vor oder nach der Hinrichtung. Wohlmuth hatte sich ebenso um die Selbstmörder zu kümmern, sie wurden des Nachts mit dem Gesicht nach unten im Moor verscharrt. Nach einer Hinrichtung wurde meist der Leichnam bzw. der Kopf ausgestellt, man wollte auf diese Abschreckung nicht verzichten. Die Körperteile hingen oft monatelang. Auch wenn das keine angenehmen Erinnerungen sind: Das dringend renovierungsbedürftige Haus ist eine wichtige Gedenkstätte und sollte unbedingt erhalten werden.

Fleißaufgabe und Belohnung

Dreihundert Meter nach diesem denkwürdigen Ort muss man auf das andere Ufer wechseln. Man befindet sich am südöstlichen Eck des Leopoldskroner Weihers (der vom Almkanal gespeist wird), ein Abstecher zum Schloss Max Reinhardts – heute als Hotel und Seminarzentrum des „Salzburg Global Seminar“ genutzt – bietet sich an. Die Leopoldskronstraße verläuft ein Stück parallel, aber unterhalb des Kanal-Wasserspiegels. Ein Anfang 2017 fertiggestellter Weg ermöglicht nun die Fortsetzung der Wanderung direkt am Kanal, man hat heute besten Blick auf das Kraftwerk Pulvermühle, das das Gefälle zum hier abzweigenden Sinnhubarm ausnützt. Das Kraftwerk wird seit 1906 von der Stieglbrauerei betrieben.

Nun kann man ins Nonntal abbiegen und die Almkanalwanderung auslaufen lassen oder den Stiftsarm bis zu seinem Eintreten in den Mönchsberg weiterverfolgen. Als Fleißaufgabe könnte man durch das „Bürgermeisterloch“ und die Festungsgasse in die Altstadt hinübersteigen. Bei der Talstation der Festungsbahn ließe sich der einleitend erwähnte Austritt des Stiftsarmes aus dem Berg betrachten oder das mit Almwasser betriebene Mühlrad im ersten Hof von St. Peter. Der Stiftsarm teilt sich in der Altstadt in vier weitere Arme, die

Kraftwerk Pulvermühle

sich teilweise wieder teilen, auf. Dabei wird das Wasser heute in erster Linie für die Kühlanlagen verschiedener Gebäude, darunter das Festspielhaus, herangezogen.

Eine andere Fleißaufgabe verfolgt den Sinnhubarm. Über den Wolfgang-Schaffler-Weg, der an den Gründer des Residenz Verlages, der seit 2015 wieder in Salzburg residiert, erinnert, gelangt man an die St.-Peter-Weiher, die früher dem Stift als Fischteiche dienten. Heute bietet sich ein überraschend skurriles Bild: Die Weiher werden von Flamingos bewohnt, diese bilden eine Wohngemeinschaft mit Ziegen. Gegenüber auf den Feldern grasen Exemplare alter Rinderrassen. Robert Scheck, Spross einer Münchner Sporthandelsdynastie, hat sich seinen Traum als Nebenerwerbsbauer und Züchter alter Haustierrassen verwirklicht.

Ich mache mich nach diesem Zoobesuch auf die Suche nach der Abzweigung des Neutorarms, des „bürgerlichen" Almkanals. Wie es sich für eine Fleißaufgabe gehört, muss man Umwege in Kauf nehmen, gibt es keine Wege mehr, die direkt am Kanal entlangführen. In der Nähe der Kreuzung Göll- und Leopoldskronstraße, an der Rückseite eines fünfstöckigen Wohnbaus aus den 1970ern, findet sich die gesuchte Wehr, davor durchläuft der Kanal einige „Kaskaden", hier gibt es richtiges Wasserrauschen. Der Sinnhubarm fließt nun weiter nach Mülln, der Neutorarm durchstößt den Mönchsberg, kühlt die Mönchsberggarage und das Haus der Natur, kann im Notfall das städtische Notstromaggregat antreiben und erzeugt mit einer Wasserschnecke bei der Einmündung in die Salzach Strom.

Nach der Wanderung von Grödig bis zu dieser Abzweigung, während derer ich mir keine Pause gönnte, bin ich nun etwas niedergeschlagen, halte ich es doch nicht für möglich, in diesem Wohngebiet zu einer kulinarischen Belohnung zu kommen. Aber an der Ecke Sinnhub- und Leopoldskronstraße taucht, direkt am Neutorarm gelegen, wie ein Deus ex machina eine Imbissbude auf. „Donnas Thai Imbiss" ist ein ungewöhnlicher, ein unsalzburgerischer Ort. Auf den ersten Blick nicht sonderlich einladend – ein Kiosk auf einem ehemaligen Betriebsgelände oder einer aufgelösten Lagerhalle –, gewinnt der Ort auf den zweiten an Charme. Mein Almkanal-Ausklang findet an einem wunderbar untypischen Platz, einem genussreichen Widerpart zum Altstadt-Salzburg statt. An solchen Plätzen entstehen andernorts Pop-up-Lokale, alles wirkt ein wenig improvisiert, ein Verschlag mit Biergartengarnitur dient als Essbereich, voller Souvenirs und Fotos aus Thailand, natürlich mit Foto des (verstorbenen) Königs. Die Küche stellt dieser Improvisation Souveränität entgegen. Die thailändische Verwandtschaft hilft bei den Zuarbeiten, die freundliche Chefin kocht in ihrer kleinen Küche engagierte Thai-Küche mit frischen Gewürzen und ordentlich Schärfe. Wenn auf der Karte „scharf" steht, ist das für unsereinen wirklich scharf, sehr scharf. Man braucht dann ein zweites Singha-Bier.

Tipps

Anfahrt
Bus Linie 25 vom Hauptbahnhof über Zentrum und Nonntal nach Grödig, O-Bus-Linie 5 von der Innenstadt bis zur Endstation Birkensiedlung. Die Gesamtlänge der Wanderung von Grödig bis Nonntal bzw. Riedenburg beträgt knapp 8 km.

Peter Handke und der Almkanal
Katharina Pektor zu Peter Handkes Salzburg im *Chinese des Schmerzes*: https://handkeonline.onb.ac.at/node/1573
Foto Peter Handkes am Almkanal:
https://handkeonline.onb.ac.at/node/934

Gastronomie am Weg

Racklwirt
Einfacher, traditioneller Gasthof mit Zimmern
Schützenstraße 15, 5082 Grödig
Tel. +43 (0)6246 72267
Öffnungszeiten Restaurantbetrieb: täglich außer Mi
(und Dienstagabend in der Nebensaison),
warme Küche: 11–14, 17–21 Uhr
www.gasthof-racklwirt.at

Hotel Gasthof Mostwastl
Ausflugsgasthof mit Zimmern, Gastgarten, Kegelbahn
Mostwastlweg 3, 5082 Salzburg
Tel. +43 (0)662 823572
Ruhetage: Mo und Di
www.mostwastl.com

Nah&Frisch Roider
Lebensmittel- und Gemischtwarenhandlung in Eichet
Pflegerstraße 20, 5082 Salzburg
Tel. +43 (0)6246 72774
Öffnungszeiten: Mo–Do 7.30–12, 15–18 Uhr,
Fr 7.30–12, 14.30–18 Uhr, Sa 7.30–12 Uhr
www.nahundfrisch.at/de/kaufmann/roider

Die Pflegerbrücke
Gasthof mit Zimmern, großer Gastgarten, Kinderspielplatz
Pflegerstraße 53, 5082 Salzburg
Tel. +43 (0)662 821725
Ruhetage: Mi und Do, außer Feiertag
www.pflegerbruecke.at

Gasthof Eigenherr
Kroatische Spezialitäten, Kastaniengastgarten
Josef-von-Eichendorff-Straße 5, 5020 Salzburg
Tel. +43 (0)662 826330

Donnas Thai Imbiss
Authentische, frisch zubereitete Thai-Küche in origineller Umgebung
Leopoldskronstraße 7, 5020 Salzburg
Tel. +43 (0)699 11985880
Öffnungszeiten: So–Fr 12–19.30 Uhr, Sa Ruhetag
www.thaikueche.at

Kraftwerk Eichetmühle
Besichtigung: Do 14–16 Uhr
www.salzburg-ag.at/erzeugung/unsere-kraftwerke/
kraftwerk-eichetmhle-2577

„Almabkehr"
Informationen und Anmeldung: www.stiftsarm.at

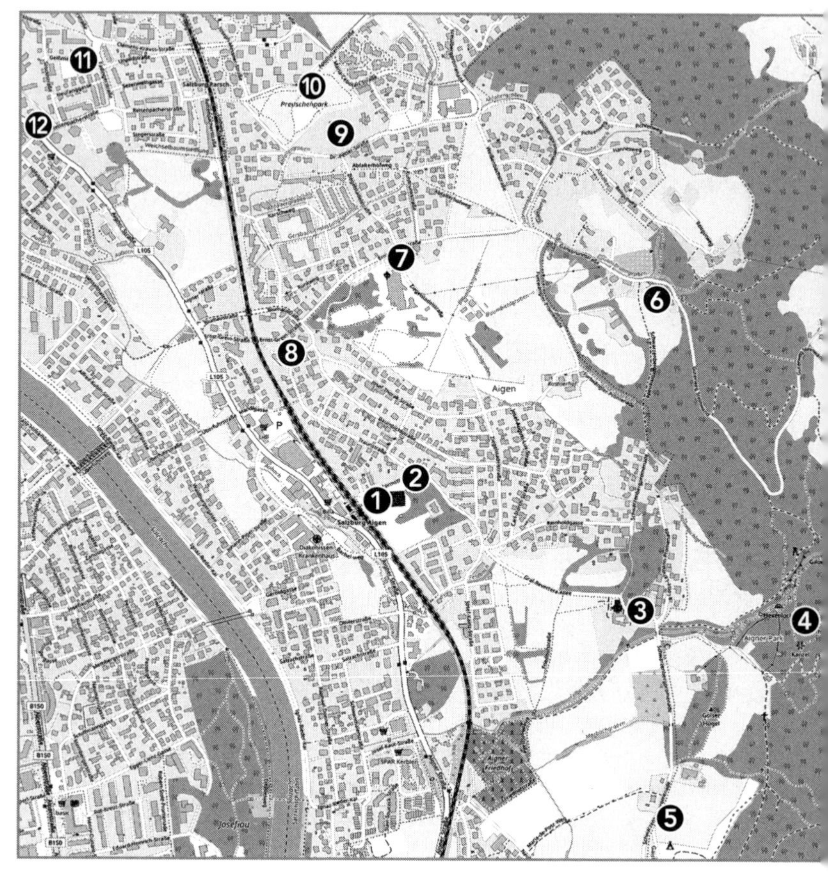

1	*Kolleg St. Josef*	7	*Bildungshaus St. Virgil*
2	*Trapp-Villa*	8	*Villa Joachim*
3	*Schloss Aigen, Schlosswirt*	9	*Villa Preuschen*
4	*Naturpark, Hexenloch*	10	*Preuschen-Park*
5	*Campingplatz Aigen*	11	*Kirche Parsch*
6	*Haus Garstenauer*	12	*Pizzeria Piccolo*

Zum kostbaren Blut
Durch Aigen und Parsch

Kolleg und Trapp-Villa

Der architektonisch motivierte Spaziergang durch die Vorstädte Aigen und Parsch wird durch zwei Gebäude eingerahmt, die ihre Entstehung der „Kongregation der Missionare vom kostbaren Blut“ verdanken: das Aigner Kolleg St. Josef und die Pfarrkirche Parsch. Beide „Inkunabeln der österreichischen Architekturgeschichte“ (Mayr 2002b) planten die Architekten Friedrich Kurrent, Johannes Spalt und Wilhelm Holzbauer, in den 1950er- und 1960er-Jahren in der „arbeitsgruppe 4“ vereinigt. Die Kongregation bewies Mut in ihrer Auftragserteilung, waren doch zu Planungsbeginn in Parsch drei des Quartetts – bis 1953 war Otto Leitner beteiligt – erst Anfang zwanzig. Kurrent, Leitner und Holzbauer kannten sich bereits aus der Salzburger Gewerbeschule (wo heute die Gesellschaftswissenschaften der Universität untergebracht sind). Zu Beginn ihres gemeinsamen Studiums in Wien beim Doyen der österreichischen Architektur, Clemens Holzmeister, stieß der um zehn Jahre ältere Spalt dazu.

Das erste Stück Architekturgeschichte erreicht man entweder mit der S-Bahn (Station Aigen) oder mit dem O-Bus Nr. 7 (Station Aigen S-Bahn), dann durch die Bahnunterführung in die Gyllenstormstraße. Hier hatte die „arbeitsgruppe 4“ 1961–1964 ein „Kolleg“ zu errichten, von der Bauaufgabe her ein Kloster samt

Kolleg St. Josef, Kapelle

Kirche. Das Trio interpretierte die Aufgabenstellung völlig neu und vereinigte alle Elemente in einem „Vierkanter" unter einer Konstruktion aus rot gestrichenem Stahl. Im Zentrum steht die lichtdurchflutete, holzverkleidete, an der Arenaform ausgerichtete Kapelle. Österreichs führender Architekturkritiker, Friedrich Achleitner, schreibt über den Bau: „Wenn Architektur ein Wert ist, der von der Komplexität kultureller Bezüge abhängig ist, so gehört dieses Kolleg zu den wichtigsten Bauten der österreichischen Architektur seit 1945." Und er hebt die „Ausgewogenheit von Konstruktion, Farbe, Raumkonzept, Erschließung, Beziehung von Innen und Außen" hervor. (Achleitner 1980, 274) Das Gebäude und der Park sind nicht öffentlich zugänglich, man muss anläuten. Ich werde, nachdem ich beim Empfang mein Anliegen vorgebracht habe, bereitwillig in die Kapelle vorgelassen.

Ein architektonisch viel uninteressanteres, aber ungleich bekannteres Gebäude teilt sich den Park mit dem Kolleg St. Josef. Um die Ecke, in der Traunstraße, befindet sich die Villa Trapp, ebenfalls im Besitz derer vom kostbaren Blut. Hier lebte die Familie Trapp von 1923 bis zu ihrer Auswanderung 1938. Erbaut hatte die Villa ursprünglich der uns bereits wohlbekannte Valentin Ceconi 1863, zwanzig Jahre später erweiterte er den Bau für den damaligen Besitzer, Hugo von Lamberg. Wiederum vierzig Jahre später, 1923, ging das Haus in den Besitz des Enkels von Lamberg, Georg von Trapp, über. Trapp ließ ein drittes, in das Mansardendach integriertes Stockwerk aufbauen, seine Familie war groß. Nachdem Trapp 1935 sein Vermögen durch den Konkurs einer kleinen Privatbank in Zell am See verloren hatte, wurden einige Zimmer der Villa vermietet, ab 1936 kam durch Auftritte des Familienchors Geld herein.

Nach dem „Anschluss" wanderte die Familie zuerst nach Italien aus, dort erhoffte man sich die Möglichkeit einer Militärpension für den gebürtigen Italiener Trapp. Diese Versuche fruchteten nicht, der Chor ging auf USA-Tournee und kehrte nicht mehr wieder. 1939 mieteten die Missionare das Haus an, ein Jahr später wurde es von der SS beschlagnahmt, Heinrich Himmler erkor es zu einem seiner Wohnsitze. Viele NS-Größen besorgten sich Wohnsitze im Raum Salzburg (etwa Ribbentrop in Schloss Fuschl), um Hitler am Obersalzberg nahe zu sein. Im Park der Villa wurden nun Baracken für das Wachpersonal sowie ein (erst 1999 entdeckter) Luftschutzbunker errichtet. Da der „Führer" ab 1943 vermehrt von Berchtesgaden aus regierte, hatte das praktische Gründe, Himmler richtete hier seine „Feldkommandostelle" ein. Im April 1942 war die Villa Ort zwischenstaatlicher Diplomatie: Hitler und Himmler empfingen hier den flugängstlichen Mussolini, der mit dem Zug aus Italien angereist und in Aigen ausgestiegen war.

1947 kehrten die Missionare vom kostbaren Blut zurück und kauften den Trapps das Haus ab. 2008 verpachteten sie die Villa einem Ehepaar, das das Trapp-Erbe mit einem Museums- und Hotelprojekt präsentieren wollte. Nach massiven Anrainerprotesten, die sich gegen den befürchteten Bustouristenansturm wandten, wurde das Projekt redimensioniert. Heute kann der *Sound of Music*-Fan im kleinen Hotel-Garni schlafend Original-Trapp-Atmosphäre schnuppern.

VILLA TRAPP
THE ORIGINAL SOUND OF MUSIC FAMILY HOME
VILLA TRAPP FOUNDATIO

Villa Trapp

Das Paradies in Aigen

Der Villa gegenüber findet sich der Aigner Nahversorger, der Spar-Markt der Familie Haas – falls Bedarf für die Ausstattung des Spaziergangs bestünde. Nun betritt man eine andere Welt: Man verlässt den Siedlungsraum Aigen, mit der Graf-Revertera-Allee beginnt der Naturschutzbereich rund um das Schloss Aigen, wo nur vereinzelt historische Gebäude stehen. Hinter dem Schloss kann man die Reste des romantischen Naturparks besichtigen. In den 1780er-Jahren ließen die Schlossbesitzer einen Landschaftspark nach englischem Vorbild errichten. Es gibt Hinweise darauf, dass der Park Treffpunkt für Mitglieder des Illuminatenordens war („Freundschaftshügel"). 1785 war der Aufklärer-Orden in Bayern verboten worden, Erzbischof Colloredo duldete ihn still.

Aus der Verbindung des Landschaftsparks mit den Illuminaten wurde ein Zusammenhang mit Mozarts *Zauberflöte* hergeleitet, im Aigner Park gar das „Vorbild" des Szenarios für Schikaneders Libretto gesehen. Aber die Salzburger Kunsthistorikerin Inge Harlander wies nach, dass die Aigner Anlagen im 18. Jahrhundert explizit kein „Götterhain" waren und etwa die untere Grotte, die vermeintliche „Illuminatenhöhle", erst im 19. Jahrhundert angelegt wurde. (vgl. Harlander 2003, 175)

Ausblick vom Aigner Naturpark, Watzmann (li.) und Untersberg

Das geschah unter der Ägide von Ernst zu Schwarzenberg, der 1804 das Schloss erwarb und Park sowie das bestehende Heilbad weiter ausbauen ließ. Der Aigner Park wurde im 19. Jahrhundert zu einer der wichtigsten Sehenswürdigkeiten Salzburgs, seine „künstliche Natur" zur Ideallandschaft der Romantiker, zu einem Elysium, das die Rückkehr des guten, natürlichen Menschen ermöglichen sollte. Maler hielten diese Landschaftsinszenierung fest und trugen zur Propagierung des Parks bei. Bekanntestes Beispiel ist das Gemälde *Aussicht vom Gaisberg auf Salzburg* (1817, Staatliche Kunstsammlungen, Dresden) des Berliners Julius Schoppe.

Der Naturpark hatte zur Biedermeierzeit viele verschiedene Aussichtspunkte – „Hoher Göll Platz", „Großer Watzmann Platz", „Kleiner Watzmann Platz" – und mehrere Attraktionen: Pferdeschwemme, Wasserfälle, Kanzel, Grotten, eine stilisierte Alpenhütte und das „Belvedere" als Krönung. Auch gekrönte Häupter zog der Landschaftspark an, König Ludwig von Bayern war ein Aigen-Fan, von ihm stammen die Verse: „Einzig bist Du holdes Aigen / Nirgends hast Du Deinesgleichen / In der unermess'nen Welt." Die berühmteste Bayerin ihrer Zeit, Kaiserin Sisi, besuchte 1867 den Landschaftsgarten, ein Zeugnis seiner lang anhaltenden Beliebtheit. Musikalische Zuwendung kam von Michael Haydn, der nach dem Gedicht *An den Hain von Aigen* von Friedrich von Spaur einen Satz für vierstimmigen Männerchor schuf. („Du schöner Hain, sei mir willkommen, / in dem ich Freuden nur genoß, / und wo mein Freund ganz unbeklommen / sich meinem Herzen ganz erschloß.“) Der aus Mainz gebürtige Salzburger Domherr Spaur, dessen Wohnhaus wir auf dem Kapuzinerberg bewundern können (Spaziergang 2), schuf in seinen *Spaziergängen in den Umgebungen Salzburgs* (1834) wohl die ausführlichste Beschreibung von „Salzburgs Eden“. Jede Baumgruppe, jeder Wegabschnitt in „Schwarzenbergs Tuskulum“ wird gewürdigt. Spaurs Ausführungen lassen die Faszination für die Zeitgenossen erahnen: „Bequemlichkeit, Reinlichkeit, gedeihlicher Luft- und Sonnen-Einfluß, erquickender Schatten, der Luftbewohner ergötzende Harmonien, und guter vom Fürsten belebter Gesang gebildeter Sänger, und dann wieder einsame, abgeschiedene Plätze, zum Genuß eines guten Dichters, oder zur Belebung der Phantasie eines dichterischen Genius, wie von der Natur hingezaubert, schenken diesem Platze mit vollem Rechte den Namen eines Eden der Wiedergenesenden.“ (zit. n. Straub 2008, 196)

Kein Reiseschriftsteller der Zeit kam umhin und viele Dichter legten Wert darauf, durch den Aigner Hain zu wandeln. Das Besucherbuch des Schlosses legt davon beredt Zeugnis ab. Und der Schlossherr scheute auch keinen Aufwand, seine Gäste zu beeindrucken. So berichtet der Diplomat und politische Schriftsteller Friedrich von Gentz, Mitarbeiter des heimlichen Regenten Fürst Metternich, am 4. August 1816 seinem Tagebuch von großen Spektakeln: „Um 3 Uhr nach Aigen gegangen, den Prinzen Ernst Schwarzenberg besucht. Man begann mit Vorträgen und Gesang, aber bald begab man sich auf eine Promenade; ich glaubte mich auf den Champs Elisés zu befinden. Der Fürst überraschte uns mit der Beleuchtung einer Grotte und eines Wasserfalles, was den Eindruck eines in Flammen stehenden Kataraktes erweckte. [...] Dies alles übersteigt die Möglichkeit, eine Beschreibung zu geben." Im Gästebuch schrieb er von einem „in diesem Paradiese verlebten Tag". (zit. n. Straub 2008, 196)

Der von Gentz erwähnte Ernst zu Schwarzenberg, Bruder des „Siegers" der Völkerschlacht bei Leipzig 1813, Karl Philipp, kaufte Schloss Aigen nach der Säkularisation Salzburgs im Jahre 1804. Auf ihn geht der Ausbau des „Naturparks" zurück. Nach seinem Tod erwarb sein Bruder Joseph 1822 das Anwesen, 1833 ging es auf dessen Sohn Johann Adolf über. Die Schwarzenbergs bestimmten also im 19. Jahrhundert das Geschick von Aigen. Aber nicht nur das, Friedrich zu Schwarzenberg, Bruder des Schlossbesitzers Johann Adolf, setzte als Salzburger Erzbischof ab 1835 wichtige Akzente. Als 1825 Franz Schubert Salzburg besucht hatte, hatte er das Grab des von ihm geschätzten Michael Haydn aufgesucht. Ihm war nicht bewusst gewesen, dass die Witwe Mozarts in der Stadt lebte, Mozart war als Wiener wahrgenommen worden. Es war Schwarzenberg, der Mozarts „Rückkehr" nach Salzburg, etwa durch die Errichtung des Schwanthaler-Denkmals, mit initiierte. Darüber hinaus war er Gründer des Borromäums und Mitbegründer des Salzburger Alpenvereins. 1849 folgte er dem Ruf zum Erzbischof nach Prag. Nach dem Ersten Weltkrieg ging das Schloss in den Besitz von Ida Revertera-Salandra, geborene Schwarzenberg, über. Bis heute ist es im Familienbesitz der Reverteras.

Der gräfliche Fuhrpark, Schloss Aigen

Der Garten Eden heute

Erst gegen Ende des 19. Jahrhunderts klang der Ruhm des Aigner Paradieses ab. Die Gaisberg-Zahnradbahn, 1887 eröffnet, war eine größere Attraktion. Heute bietet der Aigner Park bzw. seine Überreste einen schönen Waldspaziergang. Am Felberbach, der sich pittoresk seinen Weg durch Wald und über ausgewaschenes Gestein bahnt, sieht man noch das „Hexenloch". Eine vergilbte Tafel erinnert an den ehemaligen Durchgang zu einem Wasserfall. Weitere Reste des Naturparks sind die „Kanzel" und die „Jägerhöhe". Von der Kanzel hat man, nachdem man den Wald etwas ausgeschnitten hat, einen schönen Rundblick – inklusive Watzmann, den man in Salzburg nur in Aigen sehen kann. Die verbliebenen Attraktionen sind gut ausgeschildert.

Unterhalb der „Kanzel" befindet sich das „Belvedere". Hier stand im ersten Naturpark des 18. Jahrhunderts eine „Sala terrena", Ernst zu Schwarzenberg ließ den kleinen, kubischen Bau ausführen, den man auch als „Lustschlössl" titulierte. Seine Funktion als Aussichtspunkt kann man wegen des Baumbewuchses nur mehr erahnen. Bevor man heute den Wald betritt, sieht man zur Rechten eine ausgedehnte „Hundefreilaufwiese", die vom Gut Aiderbichl – einem nach dem Stammhaus

Hexenloch

in Henndorf am Wallersee benannten Unternehmen, das „Tier-Gnadenhöfe“ betreibt – gepachtet wird. Es herrscht immer reger Betrieb, man kann die soziale Komponente am Hundebesitz beobachten. Im Wald ist dann bedeutend weniger los.

Neben der Hundewiese steht das ehemalige Gästehaus der Schwarzenbergs, die 1886 errichtete „Waldvilla“. Sie diente anfangs als „Badegästehaus“, da man am Felberbach noch das Kaltwasserbad betrieb, später beherbergte sie Sommergäste der Reverteras. Ende der 1950er-Jahre veräußerte die Familie die Villa, hinter dem Haus versteckt sich eine Kfz-Werkstätte, der Betreiber, Alexander Greisberger, hat sich auf VW-Busse spezialisiert. Die „Waldvilla“ ist ein typisches Beispiel für den im auslaufenden 19. Jahrhundert beliebten „Landhausstil“, man wollte am Stadtrand städtische Architekturformen (und Komfort) mit Anklängen ans Rurale verbinden. In Parsch und Aigen finden sich immer wieder solche Sommersitze von Salzburgern oder Wienern.

Ob man die Schwarzenbergpromenade nun stadtein- oder stadtauswärts geht, hängt von der Wanderlust ab. Hat man Zeit, Lust und Kondition, kann man diese städtisch-ländliche Durchmischung am Stadtrand noch weiter verfolgen. Das Haus Schwarzenbergpromenade Nr. 60, in toller Alleinlage, ließ 1853 der Wiener Jurist und Universitätsprofessor Georg Phillips als Sommersitz errichten. Vom ursprünglichen Bau sind vor allem die auffälligen polygonalen Ecktürme erhalten, nach der notwendigen Sanierung in den 1960er-Jahren wurde jedoch der „Landhausstil", den vor allem eine Holzveranda ausstrahlte, zurückgenommen, das heutige Erscheinungsbild der „Villa Horvath" ist eher urban. Von hier ist es nicht mehr weit zur Belohnung für diese hin und retour zwei Kilometer lange Extratour: Am Aigner Campingplatz, idyllisch am Waldrand situiert, werden seit geraumer Zeit weitum berühmte Grillhendln serviert.

Zurück beim Schloss gäbe es mit dem Schlosswirt ebenfalls eine Labstation, kulinarisch verfeinerter und einem anderen Tier als dem Huhn zugewandt: Das in der Festspielzeit von viel Prominenz aufgesuchte Restaurant widmet sich der avancierten Rindfleischküche.

Ikonische Bauten der Nachkriegsjahrzehnte

Das nächste Ziel ist der Beginn der Schwarzenbergpromenade. Der Weg dorthin verschwindet zwischenzeitlich im Wald, der Spaziergang hat durchaus noch den Charakter einer Landpartie. Unternimmt man unsere Tour in den laubfreien Wintermonaten, hat das den großen Vorteil, dass man das Haus Garstenauer (Schwarzenbergpromenade 1) besser einsehen kann, denn die Bewohner haben das verständliche Bedürfnis, sich mit einer hohen, dichten Hecke vor neugierigen Blicken zu schützen. Hinter der Hecke kann man das Modell einer „Garstenauer-Kugel" erahnen. Der Salzburger Architekt Gerhard Garstenauer verschaffte Ende der 1960er-, Anfang der 1970er-Jahre dem Jahrhundertwende-Kurort Bad Gastein mit mehreren Bauten einen Modernisierungsschub. Am Talschluss baute man den Retortenskiort Sportgastein, Garstenauer ließ die zentrale Liftanlage in und um große Glas-Alu-Kugeln und -Kuppeln installieren, in der baumfreien hochalpinen Zone ein starkes futuristisches, aber in seiner kristallinen Form auf die Umgebung reagierendes Statement. Ich erinnere mich an einen Skitag in Sportgastein Ende der 1970er-Jahre, der von einem Besuch im Gasteiner Felsenbad, das Garstenauer 1968 errichtete, abgerundet wurde und uns Kinder nachhaltig beeindruckte. Die futuristischen „Garstenauer-Kugeln" sind längst aus Sportgastein verschwunden, unsere Zeit fordert wieder mehr „Alpinstil", mehr Holz und Satteldach ein.

Das für den Eigenbedarf 1978 fertiggestellte Haus an der Schwarzenbergpromenade ist nach außen hin dezent, in feinen, klaren Formen ausgeführt. „Die sensible Einbindung in den Landschaftsraum trägt dazu bei, dass das Haus als Ganzes kaum sichtbar ist." (Mayr 2007) Als Holzbau war es eine Pionierleistung auf diesem Gebiet und zugleich erster Höhepunkt: „zweifellos eines der besten je in Österreich gebauten Holzwohnhäuser." (IAS 2011) Seit 2011 steht das Haus unter Denkmalschutz.

An diesem Standpunkt Schwarzenbergpromenade / Ecke Gänsbrunnstraße kann man der Entwicklung der Immobilienbranche in den letzten Jahrzehnten gewahr werden. Blickt man, das Garstenauer-Haus im Rücken, die Abhänge des Judenbergs hinauf, fällt sogleich ein breiter, neureicher Protzbau aus dem ausgehenden 20. Jahrhundert ins Auge. (Er verdeckt teilweise das rechts dahinter hervorlugende Landhaus Berger, 1910 im Heimatstil für einen Wiener Rechtsanwalt errichtet.) Die Ausläufer des Gaisbergs in Aigen und Parsch gehören mittlerweile zu den exklusivsten und teuersten Wohngegenden des teuren Pflasters Salzburg. Man stößt zwar auch auf Häuser aus der Wirtschaftswunderzeit mit verwitterten „Wüstenrot"-Plaketten, also aus der goldenen Zeit des „Bausparens", aber generell ist die Dichte an SUVs und stilistischen Entgleisungen derjenigen, die mit ihrem Reichtum protzen, hoch (vor allem in der Kreuzbergpromenade). Die Prominenten und Superreichen sind da zurückhaltender, Teile der Familien Porsche und Piëch leben hier, Franz Beckenbauer und Gerry Friedle (DJ Ötzi) haben Häuser, in „Gesellschaftskolumnen" auftauchende Damen wie Gabriele zu Leiningen (früher: Gabriele Inaara Begum Aga Khan) oder Renate Thyssen-Henne ebenso.

Ein Stück die Gänsbrunnstraße abwärts kann man zur Rechten eine Oase inmitten dieses Immobilien-Hypes entdecken: einen vom Verein „Erdlinge“ gepachteten Gemüseacker, auf dem das Vereinsziel der kooperativen Landwirtschaft verfolgt wird. Ein Schild informiert über die Versuche, „Ernährungssouveränität“ und ein gesteigertes Bewusstsein für qualitätsvolle Ernährung und Landwirtschaft zu erreichen.

Das nächste Architekturdenkmal hat die Adresse Gänsbrunngasse 10, die Zufahrt befindet sich allerdings in der Furtwänglerpromenade. Es ist ein weiterer Bau von Gerhard Garstenauer, eine architektonische Ikone der Nachkriegsmoderne aus dem Jahr 1960. Auch hier ist, wie bei Garstenauers Privathaus, die Einsichtigkeit gering, ein übermannshohes

Einfahrtstor schützt vor gaffenden Architekturfreunden. Man muss seitlich Blicke auf das Haus erhaschen, das Haus steht entfernt, Bäume und Sträucher verstellen teilweise den Blick. Der Garten ist wenig gestaltet, nimmt keine Aufmerksamkeit vom Bau weg. Das an der Pavillonbauweise orientierte zweistöckige Gebäude ist durch zwei breite weiße Bänder der Decken- und Dachkonstruktion strukturiert, dazwischen filigrane Glaselemente. Mit diesem eleganten, in Haupt- und Nebengebäude geteilten Bau sei der Anschluss an die sogenannte internationale Moderne gelungen, so Friedrich Achleitner. „Dieses Haus ist mit seiner prononcierten Offenheit eines der wenigen Beispiele dafür.“ (Achleitner 1980, 270)

Ein Baudenkmal aus den sozialgeschichtlich hoch, architekturgeschichtlich noch zu wenig geschätzten 1970er-Jahren ist die nächste Station, inklusive Café. Das Bildungshaus St. Virgil von Wilhelm Holzbauer, 1976 eröffnet, ist ein vielgestaltiger Bau. Im Erdgeschoß glasverkleidete Seminarräume, im ersten Stock Büroräume, im zweiten die Balkonkojen der Gästezimmer. Die verschiedenen Funktionen durchdringen einander, Freitreppen und Terrassen öffnen das

Gebäude zum umgebenden Park. (Dieses Element wird sich in der zehn Jahre später fertiggestellten Naturwissenschaftlichen Fakultät in Freisaal wiederholen.) Die Themen Kommunikation und Begegnung setzte Holzbauer überzeugend um. Friedrich Achleitner sieht zwar im aufwendigen architektonischen Instrumentarium (Kreise, Rechtecke, Zylinder, Prisma, Diagonalen) einen „manieristischen Charakter", hält dem Bau jedoch zugute, dass diese Vielfalt für die Benutzer stimulierend sei. Das sei ein Bezug zur Salzburger Baukultur, die „das Gebaute auch immer als Inszenarium verstand, als festliche Einkleidung von Lebensvorgängen". (Achleitner 1980, 258)

Wochentags sieht man im Vorbeigehen an den Seminarräumen in angestrengte, intensiv arbeitende Gesichter. Hier vermitteln etwa die Universitätslehrgänge „Migrationsmanagement" oder „Palliative Care" zentrale Kompetenzen im Umgang mit sozialen Herausforderungen der Gegenwart. Der wohlverdiente Kaffee im Parkcafé, ganz vorne im Haus, ist sehr gut und fair gehandelt. Das Restaurant kann wahrscheinlich nicht empfohlen werden, jedenfalls suggeriert das mein letzter Besuch. Ich trank einen Kaffee während eines Morgenspaziergangs, am Nebentisch hatte der Koch mit einem Vertreter Platz genommen, offensichtlich ein Mitarbeiter einer Convenience-Food-Firma. Er pries neue Pizza-Variationen und Snacks an, sein Stehsatz „Vielleicht mal hineinbeißen!", durch Hunderte Vertretergespräche landauf, landab abgenutzt, lenkte mich beharrlich von der Zeitungslektüre ab.

Der Weiterweg verliefe von St. Virgil über die Ziegelstadelstraße, man könnte aber eine kleine Extratour die Ernst-Grein-Straße hinunter einlegen (hin und zurück 700 Meter). Das Haus Nr. 6 ist die Villa Joachim, die der in Berlin lebende und lehrende einflussreiche Geiger Josef Joachim 1876 errichten ließ. „Die ‚Villa Joachim' entspricht dem Typus der historistischen Villa mit ländlichen Zugeständnissen in Form von dekorativen Holzveranden." (Karrer 1995, 63) 1886 wurde der

Bau durch die wohlbekannte Firma Valentin Ceconi erweitert. Die Musikerfamilie Joachim hatte keinen geringen Einfluss auf das Musikleben Salzburgs. Der Besuch Clara Schumanns und Johannes Brahms' 1878 geht auf ihre Initiative zurück, Joseph Joachim beriet Brahms bei der Abfassung seines Violinkonzerts, möglicherweise auch in seiner Salzburger Villa. Joachim war also der Initiator der Brahms-Rezeption in Salzburg.

Gegenüber des Bildungshauses St. Virgil nehmen wir die Ziegelstadelstraße, die direkt auf die Villa Preuschen hinführt (Dr.-Petter-Straße 9). Der Villa liegt ein Wirtschaftshof, der sogenannte Abfalterhof, aus dem 17. Jahrhundert zugrunde, der im Biedermeier zu einem Landhaus ausgebaut wurde. (Der Stadtteil zwischen Aigen und Parsch heißt Abfalter.) Clemens von Preuschen erwarb den Hof Anfang des 20. Jahrhunderts und ließ ihn durch den Salzburger Architekten Paul Geppert ausbauen. Die Preuschens waren ein deutsches Adelsgeschlecht mit Ursprung auf Burg Liebenstein im Rheintal, der Salzburger Zweig bestand aus k.u.k. Offizieren und Beamten. 1974 erwarb die Gemeinde einen Teil des Parks und baute ihn zu einem Freizeitpark um (Preuschenpark). Die Villa wechselte um 2010 den Besitzer. Nun ist sie, nach umfangreicher Renovierung, der Salzburger Wohnsitz des Unternehmers und Kunstsammlers Reinhold Würth.

Zur letzten Station des Architekturspaziergangs geht man neben dem Preuschenpark die Dr.-Petter-Straße entlang zur S-Bahn-Station Parsch, wo man die Eisenbahn unterquert. Nach einer neueren Wohnsiedlung taucht man auf der Rettenpacherstraße und in der Fadingerstraße in eine 1950er-Jahre-Welt ein: eine typische zweistöckige Stadtrandsiedlung der frühen Nachkriegszeit in Blockausführung, heute renoviert und bunt angestrichen. Ebenfalls aus dieser Zeit stammt die Kirche Parsch, Ecke Geißmayer-/Fadingerstraße, aber im Gegensatz zu den Wohnbauten ein innovativer Bau – für Architekturhistoriker das bedeutendste Bauwerk der Fünfzigerjahre in

Kirche Parsch, Blick auf das Geläut

Salzburg. Den Auftrag für die „arbeitsgruppe 4" vermittelte ihr ehemaliger Hochschullehrer, Clemens Holzmeister. Zuerst ging es nur um Entwürfe für den Einbau einer Kapelle in das alte Stallgewölbe des Weichselbaumer-Hofs. Vom Vorschlag, den gesamten Bauernhof in eine Kirche umzuwandeln, waren die Auftraggeber, die Missionare vom kostbaren Blut sowie der künftige Pfarrer Wilhelm Eisenbarth, sehr angetan und gaben der Gruppe den Auftrag.

Betritt man die Kirche, kommt man in den niedrigen, dunklen Kirchenteil mit den Bänken, den ehemaligen Stall. Der Altarraum ist hell, lichtdurchflutet, hoch, ein beeindruckender, erfrischender Gegensatz. „Der Kontrast des hellen Altarraumes zum niederen, alten Stallgewölbe besitzt eine architektonische Dialektik, die nicht nur auf die Tradition der Holzmeisterschule verweist, sondern die in Salzburg bis zur Franziskanerkirche zurückreicht." (Achleitner 1980, 252) In der Stadtpfarrkirche besteht ja auch ein Gegensatz zwischen niedrigem (romanischem) Gewölbe für das Volk und natürlich belichtetem, hohem (gotischem) Altarraum. Auffälligstes Element des Baus ist der turmartige Aufbau mit offenem Geläut im Dachstuhl, darunter das große Fenster in der Dachschräge, das das Tageslicht in den Kirchenraum einlässt. „Mit Oskar Kokoschka (Zeichnungen für das Südportal), Fritz Wotruba (Kruzifix über dem Hauptportal) und Josef Mikl (Glasfenster anstelle der ehemaligen Stalltore) schufen die bedeutendsten österreichischen Künstler ihrer Zeit Kunstwerke." (Mayr 2002a)

Hat man nun das Gefühl, eine Belohnung zu verdienen, oder ist man einfach hungrig, bietet sich der Abschluss in einem Lokal, das zwar ästhetisch nicht mit dem unterwegs Besichtigten mithalten kann, aber als Kuriosum durchaus auch genussreich sein könnte. Die „Pizzeria Piccolo", von der Parscher Kirche die Geißmayer-Straße hinunter und links in die Stöcklstraße fast bis zu deren Anfang, wird ihrem Namen mehr als gerecht, sie ist wirklich piccolo. Nur sechs Tische haben in dem kleinen Pavillon Platz. Man befindet sich im parkartigen Innenhof einer Wohnsiedlung aus sechsstöckigen 1970er-Jahr-Bauten – eine ungewöhnliche, aber durchaus reizvolle Umgebung für ein Restaurant. Es geht hier ums Ambiente, die Küche ist „old school" export-italienisch, frei von neueren Authentizitätsmoden. Es gibt „Pizza Quattro Formaggi" und „Pizza Hawaii", daneben auch Wiener Schnitzel und Chicken Nuggets. Hier wird wahrscheinlich nicht alles frisch paniert, aber Stiegl vom Fass ausgeschenkt, und im kleinen Gastgarten lässt sich die beschrittene Runde bestens Revue passieren.

Kirche Parsch, Innenraum

Tipps

Der Spaziergang von der S-Bahn- oder O-Bus-Station Aigen zum Schloss Aigen, von dort über die Schwarzenbergpromenade bis zur Pfarre Parsch ist insgesamt 4 km lang. Der Campingplatz Aigen ist 1 km vom Schloss entfernt.

Anfahrt
Mit der S-Bahn (S 3 Richtung Golling, Schwarzach/St. Veit) ab Hauptbahnhof bis zur Station Aigen; mit dem O-Bus Nr. 7 bis zur Station „Aigen S-Bahn". Die Gyllenstormstraße beginnt gleich nach der Bahnunterführung beim Bahnhof Aigen.

Villa Trapp
Traunstraße 34, 5026 Salzburg
Tel. +43 662 630860
www.villa-trapp.com

Spar-Markt Haas
Traunstraße 61, 5026 Salzburg
Tel. +43 (0)662 628900
Öffnungszeiten: Mo–Fr 7.30–18.30, Sa 7–17 Uhr

Gasthof Schloss Aigen
Schwarzenbergpromenade 37, 5026 Salzburg
Tel. +43 (0)662 621284
Öffnungszeiten: Do–So
Küchenzeiten: Sa, So, Feiertag ab 11.30 Uhr durchgehend, Do und Fr 11.30–14 und 17.30–21.30 Uhr
www.schloss-aigen.at

Camping Aigen
Weitum berühmte Backhendlstation am Ende der Schwarzenbergpromenade
Weberbartlweg 20, 5026 Salzburg
Tel. +43 (0)662 622079
Öffnungszeiten: 1. Mai – 30. September
www.campingaigen.com

Bildungshaus St. Virgil
Seminarhotel, Restaurant-Café
Ernst-Grein-Straße 14, 5026 Salzburg
Tel. +43 (0)662 65901-0
www.virgil.at

Pizzeria-Ristorante Piccolo
Stöcklstraße 18, 5020 Salzburg
Tel. +43 (0)662 640473
Öffnungszeiten: täglich 11–23 Uhr
warme Küche bis 22 Uhr
www.pizza-piccolo.at

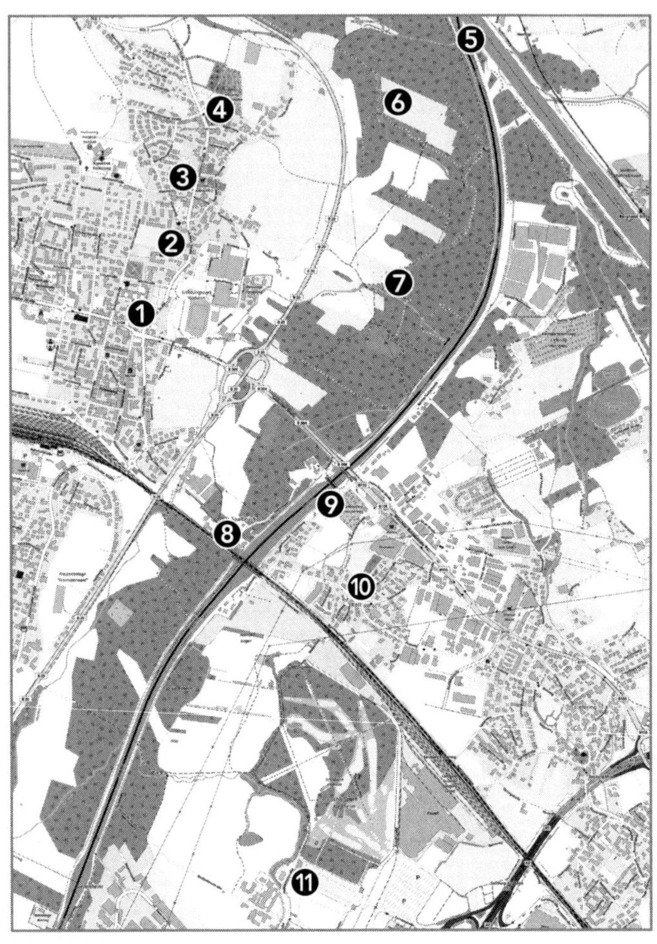

1 *Georg-Wrede-Platz*
2 *Peterskirche*
3 *Gasthof Mirtlwirt*
4 *Kirche Mariä Himmelfahrt*
5 *Saalachspitz*
6 *Mittergraben*
7 *Mühlbach*
8 *Gasthof Zollhäusl*
9 *Kraftwerk Rott*
10 *Altes Zollhaus*
11 *Schloss Kleßheim*

Kleiner Grenzverkehr

Von Salzburghofen nach Kleßheim

Die nasse Grenze

Zu Zeiten meines Studiums in Salzburg – also vor dem EU-Beitritt Österreichs – war es Salzburger Alltag, den Bus nach Freilassing zu nehmen und dort Güter einzukaufen, die in Deutschland billiger zu erstehen waren. So kaufte ich mir einmal jenseits der Saalach ein Mountainbike, mit dem ich dann gleich nach Salzburg zurückradelte (der „Schmuggel" brachte mir kein Glück, das Fahrrad wurde mir bald gestohlen). Der Zoll hatte mit vollgeladenen Kofferräumen vorgespielt unschuldiger Familienausflüge („Butterfahrten") und den doppelten Böden in den Einkaufstaschen von Studenten und Pensionisten alle Hände voll zu tun. Noch heute gibt es trotz mehr als zwei Jahrzehnten EU in bestimmten Bereichen ein Preisgefälle, das zu – mittlerweile legalen – Grenzübertritten einlädt: Der Benzinpreis ist in Österreich etwas günstiger als in Deutschland, viele grenznah wohnende Bayern tanken daher in Österreich. Dafür hat das Postamt in Freilassing seit einigen Jahren mehr Arbeit: Durch die Abschaffung der verbilligten Buchsendungen ist für österreichische Verlage das postalische Verschicken von Büchern zum so wichtigen deutschen Nachbarn ruinös teuer geworden. Daher geben die Salzburger Verlage ihre Deutschland-Post in Freilassing auf, und selbst von Wien aus werden Fahrten mit Buchpaketen organisiert, um von Freilassing aus deutsche Inlandstarife bezahlen und Geld sparen zu können.

Seit 200 Jahren besteht hier an der Saalachgrenze dieser kleine Grenzverkehr, der von verschiedenen Preisniveaus angetrieben wird. Der Kleine Grenzverkehr, ein Fachbegriff des Migrationsrechts, bestand und besteht an der Freilassinger Grenze – einer Definition aus dem Jahre 1931 entsprechend – aus dem „Warenverkehr in kleinen Mengen [...] für den Bedarf der Bewohner der Grenzbezirke". (Anselmino/Hamburger 1931, 337) Mit der Machtübernahme durch Adolf Hitler in Deutschland wurde der Kleine Grenzverkehr zu einem Druckmittel gegenüber Österreich. Im Jahre 1933 verhängte die deutsche Regierung die „Tausend-Mark-Sperre", mit der deutsche Staatsbürger beim Grenzübertritt nach Österreich die horrende Summe von tausend Reichsmark zu entrichten hatten. Auch nach dem „Juliabkommen" 1936, das diese „Sperre" aufhob, blieben „Devisenschutzbestimmungen" aufrecht, Ende 1936 wurde der Betrag, den Deutsche für einen Tag Aufenthalt in Österreich in Schilling umwechseln durften, von zehn auf drei Mark herabgesetzt. Für größere Mengen musste man ein Ansuchen stellen, das je nach „politischer Zuverlässigkeit" behandelt wurde. Erich Kästner widmete sich diesem „Salzburger Thema" politikfrei und komödiantisch in seinem Bestseller *Kleiner Grenzverkehr*, den er zweimal als Drehbuch (1943, 1956) verwendete.

Kästner konnte das Buch nicht mehr in Deutschland erscheinen lassen (es kam 1938 in Zürich heraus), Kästners Erfahrungen aus Salzburg im Sommer 1937 wurden durch den „Anschluss" 1938 obsolet. Am 12. März marschierten über die Freilassinger Saalachbrücke deutsche Truppen nach Österreich. Hitler wählte den Inn-Übergang in seine Geburtsstadt Braunau. Aber nach Salzburg marschierten ganz vorne Teile der „Österreichischen Legion" ein – österreichische

Nationalsozialisten, die in der Zeit der Illegalität während des Austrofaschismus in Süddeutschland „überwinterten“ und sich nun als Rückkehrer – vergeblich – Hoffnungen auf eine Sonderstellung als privilegierte und verdiente Parteigenossen machten.

2016 feierte Salzburg die zweihundertjährige Zugehörigkeit zu Österreich – obwohl für Salzburg die Erinnerung an den Verlust der Souveränität (1803) und an den Zuschlag zum Habsburgerreich eigentlich kein feierlicher Anlass ist. 1816 war ein Jahr der Schmach für die ehemalige fürsterzbischöfliche Residenzstadt. Salzburg wurde zu einer Bezirksstadt degradiert, das Land als „Salzachkreis“ dem Herzogtum ob der Enns (Oberösterreich) zugeschlagen. Wichtige Kunstwerke wurden ins Kunsthistorische Museum in Wien überführt, so sie nicht während des kurfürstlichen Interregnums bereits nach Florenz (wo man sie heute im Museo degli Argenti im Palazzo Pitti besichtigen kann) oder während der bayerischen Regentschaft nach München gebracht worden waren.

Was aber noch schwerer wog als diese Demütigungen, war der Verlust des Territoriums westlich der Saalach und Salzach, ungefähr ident mit dem heutigen östlichen Teil des Landkreises Traunstein und dem nördlichen Berchtesgadener Land. Seit dem Hochmittelalter war diese Gegend die „Kornkammer“ des Erzbistums, nach 1816 musste ein Großteil des Getreides importiert werden, die Bewohner des „Rupertiwinkels“, wie die Region seit Ende des 19. Jahrhunderts genannt wird, verloren ihr Handelszentrum. Dass Salzburg zu Österreich fiel, war ein Ergebnis der Neuordnung Europas im Wiener Kongress. Bayern erhielt im Münchner Vertrag 1816 statt Salzburg die linksrheinische Pfalz und behielt nach zähen Verhandlungen den „Rupertiwinkel“. Die neue „nasse Grenze“ zwischen Bayern und Österreich war in den ersten Jahren immer wieder Grund von Streitigkeiten, der genaue Grenzverlauf war bis zur endgültigen Regulierung von „Saale“, der Saalach, und Salzach strittig.

1970er-Jahre-Paradies

Die „nasse Grenze“ – also in der Flussmitte – blieb nach den anfänglichen Reibereien eine Tatsache, mit der man sich arrangierte. Nur einmal gab es von Salzburger Seite Restitutionsgelüste: Josef Rehrl, Landeshauptmann von 1947 bis 1949, überlegte angeblich 1945, den Rupertiwinkel mithilfe der US-Army zurückzufordern. (vgl. Rolinek 2012, 145) Aber das war natürlich keine realistische Forderung.

Bei meinen durch das knappe Studentenbudget bedingten Einkaufsfahrten nach Freilassing war mir nicht bewusst, dass dieser Salzburger Einkaufsvorort bis 1923 Salzburghofen hieß. Bischofshofen, Maishofen, Mattighofen, Waidhofen, von mir aus auch Possenhofen, aber Salzburghofen klingt für heutige Ohren gestelzt. Jedenfalls entwickelte sich das Dorf Salzburghofen nach der Eröffnung der Eisenbahn 1860 als Grenzbahnhof, Zollstation und Verkehrsknotenpunkt rasant – schließlich war der Ortsteil Freilassing mit dem Bahnhof viel größer als Salzburghofen und die Umbenennung daher logisch. Salzburghofen, der alte Ortskern, befindet sich heute im Nordosten der Stadt, bei Shoppingausflügen kommt man nicht dorthin.

Der Ausflug in das „ursalzburgische“ Gebiet jenseits der Staatsgrenze beginnt am Salzburger Platz. Der Autobus

Nr. 24 bringt einen in knapp zwanzig Minuten vom Hanuschplatz hierher. Der Platz ist alles andere als zum Verweilen einladend, ein Verkehrsknotenpunkt eingerahmt von gesichtsloser Banken-Architektur. Wir flüchten sogleich in die Laufener Straße. Nach wenigen Häusern böte sich eine gastronomische Institution zum Verweilen an, die ihren Namen von der Grenzsituation Freilassings bezieht: der „Schmuggler", eine alternative Kneipe bzw. das, was man früher „alternativ" genannt hätte und in Wien ein Studentenbeisl wäre, in diesem Fall mit Gastgarten und Spielbereich für Kinder. Der „Schmuggler" liegt in Sichtweite zum Georg-Wrede-Platz, der vom „Zentral-Schulhaus" dominiert wird. Benannt ist der Platz nach dem Industriellen Georg Wrede, der 1896 in Bahnhofsnähe eine Parkettfabrik gründete, die sich schnell zur größten Produktionsstätte von Parkettböden in Deutschland entwickelte. Ein Bombentreffer im April 1945 zerstörte die Fabrik. Die 1909 eröffnete Schule, ein stattliches, selbstbewusstes Gebäude, ist dem raschen Wachstum Salzburghofens geschuldet. Man engagierte den Münchner Architekten Johann Baptist Schott, einen Spezialisten für Sakralbauten, der alle Stilarten des Späthistorismus beherrschte und sehr gut im Geschäft war. In Salzburghofen schuf er eine eklektizistische Mischung und spannte drei Hausteile zusammen.

Aber nicht der Historismus dominiert entlang der Laufener Straße – es sind die 1970er-Jahre (oder das, was man dafür hält). Der Schule gegenüber liegt ein Haus, das man dieser Ära zurechnen würde, ein Hutgeschäft in einem Wohnhaus mit schöner Aufschrift: „Hut Braun". Hier hat die auf Trachtenmode spezialisierte Traditionshutmacherei Braun in Teisendorf (seit 1598) ihre Freilassinger Niederlassung. In der Auslage hängt ein Schnappschuss, der Angela Merkel mit mehreren Männern zeigt – der Mann links neben ihr trägt laut Bildunterschrift einen Hut der Firma Braun. Die Ausbesserungen und Anbauten aus einer Zeit wirtschaftlichen Wohlstands prägen in diesem Ortsteil das Bild. Es sind pragmatische, mitunter schräge Bau-„Lösungen", die kein „Architekturwollen" aufweisen, in ihrem Improvisieren aber durchaus sympathisch. Es passt ins Bild, dass an einigen Hauswänden die sonst beinah schon ausgestorbenen Kaugummiautomaten hängen. In den letzten Jahrzehnten passierte hier nicht viel Neuerung, der Ortsteil Salzburghofen befindet sich heute etwas im Abseits, wirtschaftlicher Aufschwung passiert woanders. Die Fahrschule, deren Firmenschild ebenfalls auf jenes

Dezennium verweist, hat zwei Wochentage der groß an der Tür angeschriebenen Geschäftszeiten einfach durchgestrichen.

Das Haus von „Hut Braun“ steht gut sichtbar auf der Hangkante des ehemaligen Ufers der mäandrierenden Saalach. Die letzte große Überschwemmung 2013 führte zu schwerwiegenden Zerstörungen, die niedergelegenen Gebäude wurden schwer in Mitleidenschaft gezogen. Das Freilassinger Freizeit- und Badezentrum etwa musste 2016 abgerissen werden. Die Infotafeln an der Laufener Straße, bei denen man die Großbaustelle überblicken kann, sprechen davon, dass das „Badylon“ 2019 wieder eröffnet werden soll.

Zwei Wirtshäuser, zwei Kirchen

Was heute vom alten Salzburghofen übrig ist, sind im Wesentlichen zwei Wirtshäuser und zwei Kirchen. Die kleine Peterskirche erreicht man zuerst. Es handelt sich um einen spätgotischen Bau, der wahrscheinlich einen frühmittelalterlichen ersetzte. Der außen schlichte Bau weist im Inneren im Jahr 1965 freigelegte Fresken und Gewölbemalereien auf, der Altar verfügt über einen schönen Aufbau aus dem Jahr 1687 „in einem für das Salzburger Land typischen, prunkvoll-schweren Barock mit massigen gewundenen Weinlaubsäulen und Schnitzerei aus Korpelwerk, Blüten und Früchten". (Bomhard 1977, 20) Das obere Altarbild stammt vom Salzburger Hofmaler Johann Michael Rottmayr, der uns bereits in der Nonntaler Erhardkirche begegnet ist. Rottmayr musste allerdings bald keine Bilder für Landkirchen mehr malen. Er ging ins Ausland, lebte ab 1696 in Wien und wurde zu einem der wichtigsten sakralen Barockmaler Österreichs. Er freskierte in Wien etwa die Kuppeln der Karls- sowie der Peterskirche, die Ausmalung der Melker Stiftskirche gehört ebenfalls zu seinen bekannten Werken.

Ein Stück die Laufener Straße abwärts erreicht man den großen Gasthof Rieschen. „1580 erstmals als Taverne erwähnt", steht auf einem Schild. Das Wirtshaus wird frequentiert, es

Salzburghofen: Marienkirche und Pfarrhof

hat allerdings offensichtlich schon bessere Zeiten gesehen, der großzügige Ausbau und der neue grüne Anstrich sind einige Zeit her. Schönes Detail aus der Speisekarte: Softdrinks werden hier nicht, wie sonst üblich, nur mit ihrem Produktnamen angeführt, sondern zusätzlich mit Artbezeichnung als „Limonade ‚Fanta'" oder „Limonade ‚Sprite'" – ein schöner Anachronismus, der sich gut in das 1970er-Jahre-Paradies Salzburghofen einfügt. Dem Rieschen schräg gegenüber steht das andere uralte Wirtshaus, das zwar frisch renoviert wurde, aber nicht mehr in Betrieb ist. Der Gasthof Mirtlwirt wurde urkundlich erstmals 1350 erwähnt. Er ist berühmt für sein Schopfwalmdach mit den Barockmalereien der vier Jahreszeiten.

Die Fachoberschule und Mädchenrealschule der Erzdiözese München-Freising passierend erreicht man das eigentliche Zentrum von Alt-Salzburghofen: die Kirche Mariä Himmelfahrt. Hier dürfte laut kunsthistorischen Erkenntnissen bereits im 8. Jahrhundert eine Kirche gestanden haben. Salzburghofen gehörte jedenfalls seit 908 zu Salzburg. Die heutige Kirche ist ein spätgotischer, 1440 geweihter Bau, der im Barock erweitert wurde und einen neuen Turm erhielt. Für Kunsthistoriker ist wie bei der kleinen Kirche St. Peter der Salzburger Stil der Ausstattung offenliegend, etwa die „karge Schlichtheit der Architektur", der „das Fehlen jeglicher Raumdekoration" entspreche, „nach Salzburger Art setzen die drei Altäre allein den beherrschenden formalen und farblichen Akzent im Raum". (von Bomhard 1977, 15)

Dem Salzburghofner Pfarrer waren einige Güter zugeordnet, er bekam von diesen Untertanen Ernteerträge und Abgaben. Der Wohlstand der Pfarrei zeigt sich im stattlichen Pfarrhof mit seinem turmartigen Aufbau. Aber der herrschaftliche Zustand in Salzburghofen war kein durchgehender, 1606 wurde die Pfarre den Augustinern in Mülln inkorporiert. Erzbischof Wolf Dietrich hatte den Orden nach Salzburg geholt, er wollte, dem Konzil von Trient entsprechend, eine Erneuerung der Kirche. Und dafür musste er dem Orden wirtschaftlich etwas bieten. Erst 1773 wurde Salzburghofen unter Erzbischof Colloredo wieder eine „Säkularpfarrei".

Die Zugehörigkeiten der Untertanen in früheren Zeiten waren nicht unkompliziert. War ein Bauer einem bestimmten Herrn untertan, musste er diesem eine Reihe von Abgaben leisten. Die Gerichtszuständigkeit deckte sich meist nicht mit der Grundherrschaft, und der Pfarrsprengel war wiederum eine eigene Sache. Eine spezielle Form der Grundherrschaft waren Kirchenstiftungen, dabei hatten die zugeordneten Güter oder Häuser ihre Abgaben direkt an die entsprechende Kirche zu deren Erhalt und für die Ausstattung der Gottesdienste zu liefern. Zum Zeitpunkt seiner Inkorporierung in das Kloster

Mülln verfügte die Pfarre Mariä Himmelfahrt über vier Güter, Äcker, eine Wiese, eine Wohnung und fünf Stadthäuser. Das heißt, fünf Häuser in Salzburgs Altstadt sorgten für die Erhaltung der Salzburghofner Kirche mit, so etwa das Fabrizenhaus in der Getreidegasse 21. (vgl. Enzinger 2004, 275) So wie Salzburghofen nicht mehr der „Hauptort" ist, so wurde die Kirche Mariä Himmelfahrt 1939 zu einer Pfarrei ab- und die Kirche St. Rupert zur Stadtpfarrkirche aufgewertet.

Entlang der „Saale“

Diese Wanderung von den „transnationalen“ Spuren Salzburgs bis zum Schloss Kleßheim empfiehlt sich nicht zuletzt wegen der Diversität des Gebotenen. Nach dem Wohngebiet Salzburghofen folgt ein Abstecher in die Au. Von der Marienkirche gehen wir über den Hagenweg die ehemalige Saalach-Hangkante nach unten. Beim Haus Nr. 12, einem Anwesen mit üppigem Garten, das Ferienwohnungen anbietet, teilt sich der Weg. Man geht entweder den Feldweg zur Umfahrungsstraße und dann in die Au hinein – man trifft dabei auf ein idyllisch mäandrierendes Bächlein, den von Schilf begleiteten Mittergraben, der, vom Freilassinger Mühlbach gespeist, einige Kilometer den Fluss wie ein kleiner Seitenarm begleitet und eine Ahnung gibt vom ausgebreiteten Flusssystem früherer Jahrhunderte. (Der Mittergraben wurde 2004 im Zuge einer Renaturierungsinitiative wieder bewässert.)

Wo der Mühlbach in einer kleinen Kaskade in die Saalach mündet, geht man 500 Meter flussabwärts, um zum Saalachspitz zu gelangen. Bleibt man bei der Abzweigung am Hagenweg, überquert dieser nach 500 Metern die Berchtesgadener Straße. Bei der ersten Kreuzung hält man sich links und kommt bald an einem Gehöft („Wassermauth“) vorbei, das am

Salzburghofener Au, Mittergraben

erwähnten Mittergraben liegt. Von hier aus geht es schnurstracks geradeaus zum Saalachspitz. Hier fließt die Saalach in die größere Salzach, die „Saale" wirkt heller, milchiger als ihre breitere Schwester, die „Salza". Die beiden Flüsse sind tatsächlich verwandt, beide entspringen in den Kitzbüheler Alpen im Pinzgau bzw., im Falle der Saalach, ein paar Meter jenseits der Grenze in Tirol. Beim Saalachspitz verkehrte bis in die Zeit des Zweiten Weltkriegs eine Überfuhr, ausgearbeitete Pläne für eine Fußgängerbrücke harren der Verwirklichung (wahrscheinlich der Finanzierung).

Im Bereich des Zusammenflusses gräbt sich die Saalach hörbar in den schotterreichen Untergrund ein. An den steilen Schotterböschungen hört man permanent Steine herunterrieseln. Auf österreichischer Seite beginnt flussaufwärts bald die Uferverbauung, um dem Ausschwemmen des steilen Ufers Einhalt zu gebieten. Auf bayerischer Seite bleibt der Weg wilder (und daher interessanter), das Ufer der Salzburghofner Au wurde nicht befestigt, nicht mit großen Steinen ausgelegt wie drüben. Der „offizielle" Weg direkt an der Saalach endet denn auch bald nach der Einmündung des Mühlbaches. Aber ein offensichtlich seit Langem ausgetretener Umgehungsweg führt weiter, er umgeht in sicherem Abstand die provisorisch abgesperrten unterschwemmten Abbrüche in der Uferböschung.

Drüben in Österreich ist die Au seit langer Zeit trockengelegt und bewirtschaftet. Dort befand sich dreißig Jahre lang die Salzburger Trabrennanlage. 2007 wurde das Areal an die Firma Red Bull verkauft, die dort 2014 ihre Fußball- und Eishockeyakademie eröffnete. Dass auf der anderen Saalachseite professionelle Arbeit auf hohem Niveau geleistet wird, bewies der sensationelle Gewinn der European Youth League im April 2017. Neben der Bullen-Akademie steht eine Schießstätte, die auch, als ich wochentags auf der bayerischen Saalachseite unterwegs bin, sehr gut besucht ist. Autos fahren aus und ein, ständig

sind Schüsse hörbar. Sind das Sportschützen? Sind das die Auswirkungen des Umstands, dass die Österreicher nach der „Flüchtlingskrise“ aufgerüstet, sich vermehrt Waffen zugelegt haben? Die Netzrecherche zu Hause am Schreibtisch wird zeigen, dass es sich um die Trainingsstätte eines Sportschützenvereins handelt (des 1425 gegründeten „privilegierten Landeshauptschießstands Salzburg“).

Die linke Saalachzeile (die hier nicht so heißt) führt unter der Hauptstraße bei der Saalachbrücke durch, man kommt sogleich zum Kraftwerk Rott. Die Errichtung des Kraftwerks hing nicht nur mit der Energiegewinnung zusammen: Nach einem Hochwasser 1940 drohten die Pfeiler der 1860 erbauten Eisenbahnbrücke unterspült zu werden. Die Errichtung einer Wehr zur Verringerung der Fließgeschwindigkeit wurde notwendig, die Verbindung mit einer Kraftwerksanlage lag nahe. Während des Krieges konnte das Kraftwerk nicht fertiggestellt werden, es nahm erst 1950 den Betrieb auf. 2002 musste es erneuert werden. Man baute diesmal eine Fischtreppe ein, die man direkt neben dem Fußweg bewundern kann. Auf einem Parkplatz neben dem Kraftwerk stehen zwei eigenartige Kastenwägen der deutschen Polizei, einer mit einer Parabolantenne auf dem Dach. Auch wenn sich die genaue

Überwachungsaufgabe hier am Fluss nicht sofort erschließt – der Verkehr fließt ohne Grenzkontrollen über die Brücke –, ist es eine Erinnerung daran, dass seit der „Flüchtlingskrise" 2015 an der Grenze zwischen Deutschland und Österreich „nach Bedarf" wieder kontrolliert, das Schengen-Abkommen mit Sondergenehmigung der EU-Kommission vorübergehend dispensiert wird. (Stand: April 2017)

Bis 1960 befand sich die Saalachbrücke 500 Meter weiter flussaufwärts, neben der Eisenbahnbrücke. Auch wenn man den Weg wieder zurückgehen muss, empfiehlt sich die Fleißaufgabe, die mit einem Besuch im Gasthaus Zollhäusl belohnt wird. Das 1907 eröffnete Wirtshaus bietet Bier aus Reichenhall sowie bayerische Hausmannskost und ist auch wochentags sehr gut besucht. Viele Nummerntafeln verweisen auf Besucher aus dem Salzburger Flachgau. Das Wirtshaus präsentiert auf seiner Website stolz seine über hundertjährige Geschichte, bei der Aufzählung der wichtigsten Ereignisse seit 1907 wird unreflektiert erwähnt, dass „1938 an der Rupertusbrücke der Anschluss Österreichs und der Fall der Grenze gefeiert" wurde. Die Nazis von hüben und drüben, die im März 1938 bierselig die Vereinigung ihrer beider Vaterländer begossen, waren es auch, die die Brücke kurz vor Kriegsende Anfang Mai auf ihrem Rückzug vor der US-Army sprengten. Sonst könnten wir vom Zollhäusl geradeaus in die Saalachstraße am anderen Ufer spazieren. 1960 ersetzte die neue Straßenbrücke das 1945 errichtete hölzerne Brückenprovisorium.

Showdown im Durchhaus

Ich quere die Saalach über dem Kraftwerk und nehme den kurz unattraktiven Weg hinter der großen Zollstation an der Münchner Bundesstraße. Auf dem Parkplatz stehen einige große Container herum. Erst beim Näherkommen erkenne ich, dass es sich dabei um Überbleibsel der sogenannten Flüchtlingskrise handelt. Auf den Containern kleben DIN-A4-Zettel, auf denen jeweils ein Piktogramm für Mann oder Frau sowie die Aufschrift „WC" oder „Dusche" in Englisch und Arabisch aufgedruckt ist. Im Herbst 2015 machten sich am Salzburger Hauptbahnhof Gestrandete zu Fuß Richtung Deutschland auf, sie mussten hier am Grenzübergang auf die Einreise warten. Es waren eindrückliche Bilder von den Menschenmengen vor und auf der „Saalbrücke". Ich muss daran denken, wie die deutsche und die österreichische Außenpolitik seit damals vehemente Verfechter des EU-Plans sind, die Container an die EU-Außengrenze zu verlegen, wo in „Hotspots" der Status der Ankommenden festgestellt werden soll. Hier an der Grenze, wo es für mich sonst um Mountainbike-„Schmuggel" ging, offenbarte sich 2015 ein komplexes globales Problem, das sich laut Migrationsexperten in Hinkunft noch verstärken wird.

Nach dem Zollamt führt der Weg rechts in den Pulvermacherweg, dem wir bis zu seinem Ende bei der Saalachstraße folgen. An der Ecke steht das alte Zollhaus, das von 1829 bis zur Inbetriebnahme der neuen Straßenbrücke 1960 die österreichische Grenzstation war. Die benachbarte Vorstadtpizzeria „Corsi" lasse ich links liegen, auch wenn die Mischung aus anachronistischer Speisekarte, kitschiger Wandbemalung (angedeutetes Kampanien mit Meer und Tempelruine) und angeschlossener Kegelbahn eine interessante Melange verspricht. Die im Ausland (Zollhäusl) zu mir genommenen gerösteten Knödel samt einer Halben vom Reichenhaller Bürgerbräu liegen erst eine halbe Stunde zurück.

Der Walserweg führt weiter durch eine Wohngegend und unter der Bahn durch. Nach der Unterführung bietet sich ein völlig verändertes Bild: zur Linken der Straße ein Industriegelände, zur Rechten Hunderte Meter lange, riesige Stapel an halben, entästeten Bäumen – beeindruckende Mengen an Holz. Das sind die Ausläufer des großen Werks der Firma Kaindl, seit Jahrzehnten eines der weltweit führenden Unternehmen für Holzplatten, Laminat- und Holzböden. Nun folgt ein Abschnitt entlang der Außenmauer des Kleßheimer Schlossparks. Die Mauer mit kleinen, stilisierten Wehrtürmen

Schloss Kleßheim

ist viel zu hoch, um einen Blick in den Park werfen zu können. Die einst barocke Parkanlage wurde seit den 1950er-Jahren nach und nach in einen Golfplatz umgestaltet und ist heute vom „Golf- & Country Club Salzburg Kleßheim" gepachtet. Marschiert man auf dem Schotterweg, zur Linken ständig die hohe Mauer entlang, hinter der sich früher die Erzbischöfe und ihre Gäste verschiedenes Getier vor die Flinte treiben ließen und wo heute Bälle in neun Löcher zu versenken probiert wird, stellt sich ein Gefühl des Ausgeschlossenseins ein. Kurz bevor sich dieser einige Zeit gleichbleibende Weg in meinem Kopf – seit der Grenze auf soziale und globale Zusammenhänge sensibilisiert – zur Metapher für Verteilungsungerechtigkeit auswachsen kann, bietet das „Landschaftsschutzgebiet Siezenheimer Au" (Schild) Abwechslung und Ablenkung. Der Siezenheimer Mühlbach schlängelt sich hier, seinem Freilassinger Pendant ähnelnd und wie dieser in jüngerer Zeit renaturiert, idyllisch durch die Gegend.

Man hat sich nun von hinten her dem Schloss Kleßheim genähert. Seit 1993 befindet sich das Casino Salzburg in dem barocken Gebäude. Für einen Besuch im Hauben-Restaurant hat der Grenz-Wanderer wohl nicht das passende Outfit dabei, das Casino könnte bis 15 Uhr ohne Kleidervorschrift besucht werden. Der Plan für diesen erzbischöflichen Sommersitz stammt von Johann Bernhard Fischer von Erlach. Allerdings starb der Auftraggeber, Erzbischof Johann von Thun, vor der Fertigstellung; sein Nachfolger hatte an dem Bauprojekt kein Interesse; erst Erzbischof Leopold von Firmian ließ den Bau 1732 vollenden, allerdings mit großen Abstrichen gegenüber Erlachs Plänen, Firmian lag wohl mehr an Schloss Leopoldskron. Das Schloss war nun einer von mehreren Sommer- und Jagdsitzen der Erzbischöfe, nicht mehr, nicht weniger.

1816 fiel das Schloss den neuen Herren Salzburgs, den Habsburgern zu. 1866 machte es Kaiser Franz Joseph seinem Bruder zum Geschenk. Der (bis heute gerne reproduzierte) Klatsch wollte es, dass damit eine Verbannung des angeblich homosexuellen Erzherzogs Ludwig Victor aus Wien einherging. Ludwig Victor wurde jedenfalls in Salzburg zu einem sozial und kulturell engagierten Wohltäter. Auch er liebte das Schloss nicht, es war ihm zu kalt und unbequem. So ließ er sich vom Ringstraßenarchitekten Heinrich von Ferstel ein „Winterhaus“ – rund 400 Meter südlich des Schlosses – errichten. Heute ist das mittlerweile „Kavalierhaus“ genannte Gebäude eine „Event-Location“ der benachbarten Tourismusschule Kleßheim.

Nach dem Ende der Monarchie und dem Verkauf des Schlosses an das Land Salzburg beginnt seine wechselvolle Geschichte eigentlich erst richtig: 1925 bis 1935 war es Sitz der Elizabeth-Duncan-Schule, einer internationalen tanzpädagogischen Institution. Nach dem „Anschluss“ 1938 wurde es sukzessive zum „Gästehaus“ des am nahen Berchtesgadener Obersalzberg residierenden „Führers“ umgebaut, samt eigenem unterirdischem Gleisanschluss. Faschistische Diktatoren wie Benito Mussolini, Miklós Horthy und Ion Antonescu wurden hier empfangen. Die beiden martialischen Adler am Eingangstor zum Schloss sowie die beiden Torhäuser daneben entstammen der nationalsozialistischen Ära, die Adler schuf der Halleiner Bildhauer Jakob Adlhart, der für seine Masken am Festspielhaus bekannt wurde. Nach 1945 requirierte das US-Militär die Anlage, danach ging es in den Besitz des Landes über. Nun fanden Sommerseminare für Nachwuchsdiplomaten statt; Staatsgäste wurden untergebracht; in den 1960ern tummelte sich zu den Festspielen die High Society zu Hunderten bei rauschenden Festspielempfängen im Schloss. Kleßheim befand sich zwar meist etwas abseits der Hauptpfade der Zeitläufe, aber auf seine Art ist es durchaus ein treffendes Spiegelbild der Geschichte Salzburgs.

Die Wanderung endet. Ich stehe etwas verloren neben der „Red Bull Arena", dem eigenartigen Stadion des österreichischen Fußball-Dauermeisters. Das Stadion musste, weil es so nahe am Barockschloss liegt, „eingegraben" werden, womit ein architektonisches Ausrufezeichen für den Fußball unmöglich wurde. Dann wurde es für die Fußballeuropameisterschaft 2008 auf eine Kapazität von gut 30.000 Zuschauern aufgestockt, unter der Bedingung, dass es nach der EM wieder rückgebaut wird. Nach der EM beließ man es jedoch bei der größeren Dimension. Nun finden die

Relikt der NS-Zeit: Eingangstor zum Schlosspark Kleßheim

Heimspiele Salzburgs vor höchstens zu einem Drittel besetzten Rängen statt. Könnten diese Vorgänge mit ihrem verhatschten, ästhetisch unbefriedigenden baulichen Ergebnis ein Spiegelbild des österreichischen Wesens sein?

Was mache ich mit dieser Erkenntnis, hier neben dem Stadionparkplatz, im Abseits ästhetischer Pfade? Eine fordernde Sehnsucht nach etwas verlässlich Gutem überkommt mich, und ich habe eine Eingebung. Der O-Bus Nr. 1 hält beim Stadion und bringt mich zuckelnd zum Hanuschplatz. Dann über den Hagenauerplatz frohen Mutes durch die dichten Menschentrauben vor Mozarts Geburtshaus gestochen, ein kleines Stück die Getreidegasse touristenstromaufwärts zur Nr. 3, rechts hinein in das Schatzdurchhaus und schließlich durch die Tür eines Geschäftsportals aus den 1870er-Jahren, das Valentin Ceconi, dem wir am Kommunalfriedhof unsere Reverenz erwiesen haben, plante. Abseitige Pfade können auch im Mainstream landen; schließlich gibt es hier in der Konditorei Schatz die weltweit beste Cremeschnitte.

Tipps

Gesamtlänge der vorgeschlagenen Wanderung: 8,5 km

Anfahrt nach Freilassing
Bus Nr. 24: Abfahrt Hanuschplatz
17 Minuten Fahrt (wenn staufrei) bis Salzburger Platz, Freilassing
Mo–Fr tagsüber halbstündig, So stündlich
www.salzburg-ag.at/verkehr/obus/fahrplan
(nach unten scrollen, die Fahrpläne „Andere Bus-Linien" sind nach denen der O-Busse gereiht).

S-Bahn S 3: 14 Minuten Salzburg Hauptbahnhof–Freilassing; wenn man für die Strecke einen Schnellzug erwischt, dauert es nur 6 Minuten. Vom Bahnhof Freilassing durch die Unterführung auf die Rupertusstraße, dann durch die Hauptstraße (Fußgängerzone) bis zum Salzburger Platz (1 km).

Schmuggler–Café und Kneipe
Laufenerstraße 7, 83395 Freilassing
Tel. +49 (0)8654 9489
Öffnungszeiten: täglich „9–25 (bzw. 26 Uhr)"
www.schmuggler.eu

Gasthof und Landhotel Rieschen
Auenstraße 2, 83395 Freilassing
Tel. +49 (0)8654 8222
www.rieschenwirt.de

Gasthaus Zollhäusl
Zollhäuslstraße 11, 83395 Freilassing
Tel. +49 (0)8654 62011
Öffnungszeiten: täglich 10–24 Uhr,
Küche 11–23 Uhr (So bis 22 Uhr)
www.zollhaeusl.de

Casino Salzburg–Schloss Kleßheim
Schloss Kleßheim 1, 5071 Wals-Siezenheim
Tel. +43 (0)662 854455 0
Öffnungszeiten: täglich 15–3 Uhr,
Restaurant „Cuisino“: täglich 17–23 Uhr
www.casinos.at/de/salzburg

Konditorei Schatz
Getreidegasse 3, 5020 Salzburg
Tel. + 43 (0)662 842792
Öffnungszeiten: Mo–Fr 9–18 Uhr, Sa 8–17 Uhr
www.schatz-konditorei.at

Verwendete Literatur

Achleitner, Friedrich: Österreichische Architektur im 20. Jahrhundert. Oberösterreich, Salzburg, Tirol, Vorarlberg. Salzburg 1980.

Amanshauser, Gerhard: Mansardenbuch. Weitra o.J. [1999].

Amanshauser, Gerhard: Als Barbar im Prater. Autobiografie einer Jugend. Salzburg 2001.

Anselmino, Otto u. Adolf Hamburger: Kommentar zu dem Gesetz über den Verkehr mit Betäubungsmitteln (Opiumgesetz) und seinen Ausführungsbestimmungen. Berlin 1931.

Castelli, Ignaz Franz: Memoiren meines Lebens. München 1969.

Dopsch, Heinz u. Robert Hoffmann: Salzburg. Die Geschichte einer Stadt. Salzburg 2008.

Englmann, Heinrich: Geschichtliches über Salzburghofen. Aus seiner tausendjährigen Vergangenheit für die Pfarrgemeinde und ihre Gönner zusammengetragen (congesta Salzburghovensia). München 1909.

Enzinger, Kurt: Die Grund- und Zehentherrschaft von Salzburghofen. In: Mitteilungen der Gesellschaft für Salzburger Landeskunde, Bd. 144, 2004, 251–282.

Enzinger, Kurt: Historische Streiflichter. Freilassing mit Umland. Salzburg 2013.

Foissner, Wilhelm, Reinhard Medicus u. Hannes Augustin: Ein Naturdenkmal für Wimpertiechen. In: Natur & Land, Heft 4/2012, 6–7.

Frühwirth, Martina: Naturwissenschaftliche Fakultät (2003). www.nextroom.at/building.php?id=2444&lang_id=de (11.4.2017).

Gutschner, Peter: Von der kommunalen Armenpflege zur staatlichen Versicherung. Altersversorgung im 19. und 20. Jahrhundert. In: Thomas Weidenholzer u. Erich Marx (Hg.):

Hundert Jahre „Versorgungshaus“ Nonntal. Zur Geschichte der Alters- und Armenversorgung der Stadt Salzburg. Salzburg 1998, 31–65.

Gwiggner, Bernhard: Josef Thorak. Hitlers Lieblingsbildhauer und sein Bezug zu Salzburg. Eine künstlerische Re-Vision. Texte von Hildegard Fraueneder u. Susanne Rolinek. Salzburg 2016.

Handke, Peter: Der Chinese des Schmerzes. Frankfurt/M. 1983.

Haringer, Jakob: Aber des Herzens verbrannte Mühle tröstet ein Vers. Ausgewählte Lyrik, Prosa und Briefe. Salzburg 1988.

Harlander, Inge Maria: Der Park zu Aigen. Salzburg (Univ. Diss.) 2003.

Heinisch, Reinhard Rudolf: Salzburg im Dreißigjährigen Krieg. Wien 1968.

Hoffmann, Robert: Mythos Salzburg. Bilder einer Stadt. Salzburg 2002.

Höllbacher, Roman u.a. (Hg.): Architektur Stadt Salzburg. Salzburg 1998.

Initiative Architektur Salzburg (IAS): Unipark Nonntal (2010). https://archtour-stadt-salzburg.at/guide.php?inc=actor&id=87990&KEY=S (10.4.2017)

Initiative Architektur Salzburg (IAS): Haus Garstenauer (2011). https://archtour-stadt-salzburg.at/guide.php?inc=tour&id=160 (14.4.2017).

Kammerhofer-Aggermann, Ulrike: Der Salzburger Kommunalfriedhof: kulturelle Kontinuität und Diversität. Salzburger Volkskultur, 35/2011, 56–62.

Kapfinger, Otto, Roman Höllbacher u. Norbert Mayr (Hg.): Baukunst in Salzburg seit 1980. Ein Führer zu 600 sehenswerten Beispielen in Stadt und Land. Salzburg 2010.

Karrer, Helene: 200 Jahre Villenbau in Aigen. Die Entwicklung der Villenarchitektur in Aigen. Salzburg [1995].

Kerschbaumer, Gert: Stefan Zweig. Der fliegende Salzburger. Salzburg 2003.

Mayr, Norbert: Kirche Parsch (2002a). www.nextroom.at/building.php?id=642&lang_id=de (15.4.2017)
Mayr, Norbert: St. Josef (2002b). www.nextroom.at/building.php?id=646&lang_id=de (14.4.2017)
Mayr, Norbert: Wohnen in der Natur (2007). www.nextroom.at/building.php?id=29883 (13.4.2017).
Medicus, Reinhard: Die einstigen Stadttore der „Linzerstraße" und die Nordfelsen des Kapuzinerberges. In: Bastei–Zeitschrift des Stadtvereines Salzburg, 54. Jg., 4. Folge (Salzburg 2005), 10–16.
Medicus, Reinhard: Der Imberg, heute auch Kapuzinerberg genannt, in Natur- und Kulturgeschichte. In: Der Gardist–Jahresschrift der Bürgergarde der Stadt Salzburg, 26. Jg. (Salzburg 2006), 35–40.
Medicus, Reinhard: Die Wehrbauten Paris Lodrons am Kapuzinerberg. In: Bastei–Zeitschrift des Stadtvereines Salzburg, 58. Jg., 1. Folge (Salzburg 2008), 11–17.
Medicus, Reinhard: Der Kapuzinerberg als Erholungsraum. In: Bastei–Zeitschrift des Stadtvereines Salzburg, 60. Jg., 3. Folge (Salzburg 2010), 11–17.
Medicus, Reinhard: Über den Wald auf dem Kapuzinerberg. In: Bastei–Zeitschrift des Stadtvereines Salzburg, 61. Jg., 1. Folge (Salzburg 2011), 19–24.
[Nonnberg] Stift Nonnberg zu Salzburg im Wandel der Zeiten. Salzburg 1953.
Peter, Wolfgang: Der Salzburger Almkanal. Wien (Dipl.-Arb.) 1984.
Plasser, Erhard: Das Erhardspital in Nonntal. Zur höheren Ehre des Domkapitels. In: Thomas Weidenholzer u. Erich Marx (Hg.): Hundert Jahre „Versorgungshaus" Nonntal. Zur Geschichte der Alters- und Armenversorgung der Stadt Salzburg. Salzburg 1998, 161–190.
Putzer, Peter: Aus dem Salzburger Scharfrichter Tagebuch. In: Forschungen zur Rechtsarchäologie und rechtlichen Volkskunde, 8/1986, 115–135 [red.] Zur Erinnerung an dahingeschiedene

Vereinsgenossen: Rudolf Biebl. In: Mitteilungen der Salzburger Gesellschaft für Landeskunde, Bd. 35, 1895, 259–264. [red.] Die Eröffnung der Salzburger Feuerhalle. In: Phönix, Blätter für wahlfreie Feuerbestattung und verwandte Gebiete, Jg. XLIV (1931), Nr. 12, 226–230.

Rolinek, Susanne: Salzburg. Ein Bundesland vom Ersten Weltkrieg bis zur Gegenwart. Innsbruck 2012.

Schallhammer, Johannes: Seniorenwohnheim Hellbrunn (2007). www.nextroom.at/building.php?id=29835&lang_id=de (14.4.2017)

Spaur, Friedrich von: Spaziergänge in den Umgebungen von Salzburg. Salzburg 1834 (Faksimilenachdruck, Salzburg, Druckhaus Nonntal o.J.).

Stähli-Lüthi, Verena u. Gregor Brazerol OSB: Abteikirche Nonnberg. Ried 1995.

Strasser, Christian: Villa Trapp. Haus des Himmels und der Hölle (2009). In: Im Schatten der Mozartkugel.
Reiseführer durch die braune Topographie von Salzburg. Online-version: http://imschatten.org/20.html (14.4.2017)

Straub, Wolfgang: Salzburg. Literarischer Reisebegleiter. Frankfurt/M. 2008.

Trapp, Maria Augusta: Die Trapp-Familie. Vom Kloster zum Welterfolg–Von Welterfolg zu Welterfolg. Wien u.a. o.J. [um 1964].

Volsansky, Gabriele: Pakt auf Zeit. Das deutsch-österreichische Juli-Abkommen 1936. Wien 2001.

Bomhard, Peter von: Die Kirchen der Pfarrei Freilassing-Salzburghofen. Regensburg 1977.

Zaisberger, Friederike (Hg.): Leben über den Tod hinaus ... Prominente im Salzburger Kommunalfriedhof. Salzburg 2006.

Zweig, Friderike: Spiegelungen des Lebens. Wien 1964.